El lector

HERMANN HESSE

El lector de...

Herman Hesse

Katinka Rosés Becker
Francesc Miralles Contijoch

OCEANO

Autores: Katinka Rosés Becker, Francesc Miralles Contijoch
Diseño de cubierta: Enric Iborra
Fotografías de interiores: Archivo Océano.

Milanesat, 21-23 – Edificio Océano
08017 Barcelona (España)
Tel.: 93 280 20 20* – Fax: 93 203 17 91
www.oceano.com

ISBN: 84-7556-083-0
Depósito Legal: B-30857-XLIV
Impreso en España - Printed in Spain
00172031

Índice

Segunda parte

¿Sabías que...?

- Hermann Hesse nació en el seno de una familia de misioneros, muchos de los cuales habían vivido en la India. *(pág. 18)*
- **En su adolescencia fue internado varias veces en un manicomio.** *(pág. 31)*
- Intentó en dos ocasiones suicidarse con un revólver. *(pág. 34)*
- **Del primer libro editado por Hesse sólo se vendieron 54 ejemplares en dos años.** *(pág. 40)*
- Su viaje a la India supuso al principio una decepción para el autor. *(pág. 55)*
- **En los años veinte vivía de vender poemas ilustrados que escribía de su puño y letra.** *(pág. 66)*
- Contrajo matrimonio tres veces. *(pág. 73)*
- **Un año antes de recibir el Premio Nobel, algunos intelectuales intentaron que su obra se prohibiera en Alemania.** *(pág. 77)*
- Respondía a todas las cartas que le remitían sus lectores, llegando a contestar más de 30.000. *(pág. 80)*

- **Inicialmente firmó la novela** *Demion* **con seudónimo.** *(pág. 103)*

- Henry Miller fue el impulsor de la novela *Siddhartha* en Estados Unidos, dando a conocer a Hesse en este país. *(pág. 120)*

- **Timothy Leary recomendaba leer** *Siddhartha* **o** *El lobo estepario* **antes de tomar LSD.** *(pág. 134)*

- Hesse fue acusado del suicidio de un joven tras la lectura de *El lobo estepario.* *(pág. 142)*

- **Kafka fue uno de los admiradores de la prosa de Hesse.** *(pág. 147)*

El jardinero del alma

Soy un poeta, un buscador y un confesor comprometido con la verdad y la sinceridad. Tengo una misión, por mucho que ésta sea pequeña y restringida: ayudar a otros buscadores a entender y soportar el mundo, aunque sólo sea para que sepan que no están solos.

Hermann Hesse es un autor singular, una flor rara en el jardín literario del siglo xx, que ha levantado pasiones y tormentas a partes iguales. Acusado por unos de elitismo y falta de compromiso político, adorado por otros como gurú y guía espiritual de toda una generación, el «ermitaño de Montagnola» jamás creyó en movimientos de masas ni en consignas ideológicas, sólo confiaba en el ser humano.

Este jardinero algo gruñón, que contestó a las más de 30.000 cartas que le mandaron sus lectores, alumbró tanto narraciones de una prosa cristalina como desconcertantes piruetas literarias. Si *Bajo las ruedas, Demian* y *Siddhartha* fueron un faro para los jóvenes de una Europa herida, *El lobo estepario* supuso un brutal golpe que despertó las conciencias de un continente ciego ante lo que se avecinaba.

Abanderado del orientalismo en Occidente, punto de referencia de hippies y contestatarios de toda clase, Hesse fue, ante todo, el escritor de los jóvenes. Su espíritu idealista, algo sensiblero, pero siempre inconformista y combativo, sigue seduciendo a miles de jóvenes de todas las culturas. Lobo solitario a la vez que alma de niño, la voz clara de Hesse se alza con honestidad y sensibilidad exquisita para los espíritus libres que desean extender sus alas.

Nota de los autores

En la primera parte de este manual se recogen a grandes rasgos la biografía del escritor y los principales acontecimientos de su época. Con este fin se ha empleado la bibliografía listada al final del libro, junto con materiales complementarios para ilustrar las diversas etapas de su vida.

La segunda parte consiste en el resumen y comentario de las cuatro obras que, a nuestro juicio, han tenido más repercusión entre los lectores y lectoras de todo el mundo a los que va dirigido este volumen. Más que un estudio erudito, *El lector de Hermann Hesse* pretende ser una guía para animar a la lectura de sus obras o refrescarla con datos reveladores sobre su concepción, trama argumental y temática. Por este motivo, se han dejado deliberadamente sin comentario algunas «obras mayores» del autor, en especial *El juego de los abalorios* cuya extensión y complejidad requiere un estudio pormenorizado que ocuparía todo un volumen.

El libro se completa con la entrevista a una especialista en literatura alemana y una breve cronología para situar al escritor en su contexto histórico.

Deseamos que este libro otorgue a los lectores un mayor conocimiento y comprensión del autor y estimule el interés por sus obras.

Katinka Rosés Becker
Francesc Miralles Contijoch

PRIMERA PARTE

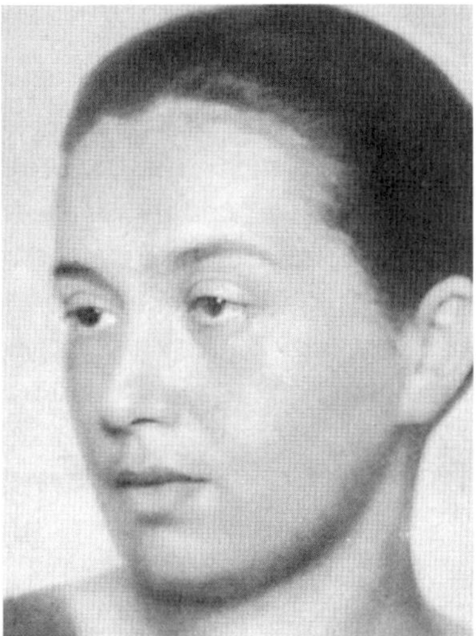

Casa natal de Hermann Hesse, en la localidad alemana de Calw.

El cascarón familiar

El lunes, 2 de julio de 1877, después de un día difícil, nace por la gracia de Dios, a las siete y media de la tarde, el anhelado hijo, nuestro Hermann, un niño grande, pesado y robusto, que sólo nacer pedía comer. Dirige sus bellos ojos a la luz mientras mueve su pequeña cabeza. Un precioso muchacho rebosante de salud.

Diario de Marie Hesse

La llegada al mundo del pequeño Hermann tuvo lugar en Calw, una pequeña ciudad al suroeste de Alemania donde la familia Hesse –fervorosos pietistas– se había instalado con fines misioneros. Años más tarde, el escritor rememoraría ese momento con estas palabras: «Mi nacimiento tuvo lugar al anochecer de un día cálido de julio, y la temperatura de aquella hora es la que he amado y buscado inconscientemente toda mi vida».

De izquierda a derecha: Hermann, su padre, su hermana Marulla y su madre.

Sobre el cristiano horizonte de los Hesse se cernían negros nubarrones. De buen principio, el futuro escritor mostró un carácter en extremo sensible y fantasioso, combinación que derivaría en un temperamento rebelde que no era compatible con la férrea disciplina protestante.

Los padres del escritor esperaban contar con un futuro misionero que engrosara la tradición familiar, expectativa que muy pronto se vería defraudada.

Los abuelos «Hermann»

El abuelo paterno de Hesse –Hermann Hesse– vivió gran parte de su vida en Estonia, donde ejercía su carrera de médico. Allí nacería Johannes Hesse, padre del escritor. El pequeño Hesse tenía verdadera afición por este abuelo, en el cual destaban la generosidad y la amabilidad («el doctor que lo regala todo», tal como lo llamaba su nieto).

Por su parte, el abuelo materno –Hermann Gundert– era un reputado misionero pietista especialista en Indología. Despues de vivir una larga temporada en Asia, contrajo matrimonio con Julie Dubois, una suiza de habla francesa de fuertes convicciones calvinistas.

El abuelo políglota

Hermann Gundert, doctor en Indología, dominaba a la perfección -junto con el alemán- el inglés, el francés y el italiano. También conocía el hindú, el malayalam, el bengalí y hablaba fluidamente el kannada, el telugu y el tamil, además de chapurrear diez lenguas más propias de la India. Dentro de su actividad académica, el abuelo materno de Hesse consagró 30 años de su vida a la elaboración de un diccionario de malayalam (lengua del estado indio de Kerala) con el apoyo del gobierno británico.

El nombre elegido para el nuevo vástago no sólo era inevitable, sino además muy significativo. Ambos abuelos influyeron de manera decisiva en la formación del muchacho, que nadaría toda su vida entre la sobriedad monástica y el encanto oriental.

Los «abuelos Hermann», al igual que el escritor, demostraron ser notablemente longevos, pues murieron con 93 y 78 años respectivamente.

El matrimonio misionero

El padre de Hermann Hesse -que por su origen báltico tenía entonces nacionalidad rusa- entró a trabajar de ayudante en casa del Dr. Gundert, el cual estaba al mando de la misión pietista en Calw. Para desempeñar su tarea -como redactor de la revista de la misión, que tenía su sede en Basilea– obtuvo alojamiento en el domicilio del indólogo. Allí trabó amistad con su hija Marie, que tras la muerte de su primer marido vivía con sus dos hijos varones. Ambos se casarían en otoño de 1874.

Marie, una mujer menuda y nerviosa, había nacido en la India oriental, contrayendo primeras nupcias con un misionero. Tenía un carácter generoso y era una devota creyente. Johannes Hesse era, a su vez, un hombre tímido y sensible de ojos azules y tez clara, también entregado en cuerpo y alma a la misión.

Marie y Johannes Hesse, padres del escritor.

El dogma pietista

El pietismo es un movimiento reformista dentro del luteranismo que experimentó gran apogeo en los siglos XVII y XVIII. Éste tenía especial predicación en el suroeste de Alemania y Suiza. Los pilares de la fe pietista descansaban en las buenas obras, el estudio de la Biblia y la santidad en la vida cristiana. Originalmente, había sido una reacción contra el rígido dogmatismo protestante, e influyó en otros grupos luteranos, como los metodistas y los evangélicos.

La vida cotidiana de la familia Hesse estaba imbuida de gran rigor puritano. Se ponía gran énfasis en la responsabilidad de cada individuo ante Dios, tema que criticaría más adelante el escritor en sus obras. El matrimonio sirvió a la causa pietista primeramente en Calw, a las órdenes del abuelo Gundert, y posteriormente en Basilea, donde el padre de Hesse impartiría clases de lengua y literatura alemanas en el seno de la misión.

La joven familia residió en total cinco años en la ciudad, período que el escritor reflejaría posteriormente en su novela *Hermann Lauscher*.

Tübingen junto al río Neckar.

Los años difíciles

Todos los intentos de convertirme en un hombre de provecho terminaban en el fracaso, a veces incluso en la vergüenza, el escándalo, la huida o la exclusión.

Desde la más temprana edad, el pequeño Hesse dio muestras de gran rebeldía e inconformismo. Era un niño agitado y respondón que sólo obedecía a su propia fantasía. Su espíritu libre chocaba frontalmente con el mundo rígido y puritano de la misión. A resultas de ello, sus padres mantenían una encarnizada lucha diaria con aquella alma «descarriada» que no aceptaba otra cosa que no fueran sus propios impulsos.

Cuando Hesse aún no contaba cinco años, su madre escribió en su diario:

> El pequeño Hermann ha faltado esta mañana al colegio. Como lo ha hecho a escondidas, lo he castigado encerrándolo en la habitación de los invitados, a lo que él me ha contestado: «No servirá de nada que me encerréis aquí; puedo entretenerme mirando por la ventana».

El internado

Ante la incapacidad de sus padres y tutores para «domar» a Hermann, la familia resolvió mandar al chico al internado que la misión tenía en Basilea, ciudad a la que se trasladaron en 1881. Allí vivieron hasta 1886, período en el que el padre ejercería de profesor para la escuela de la misión.

Hermann Hesse a la edad de cuatro años.

En una carta anterior a su partida, Johannes Hesse se pronunciaba sobre su hijo en estos términos:

> Hermann, a pesar de ser un niño muy virtuoso, es insoportable; nos planteamos si mandarlo a una institución o a otra casa. Estamos demasiado nerviosos, somos demasiado débiles para él; toda la casa se contagia de su indisciplina y su mal carácter. Tiene dones para todo: observa la luna y las nubes, fantasea con el armonio, dibuja con lápiz o pluma maravillosos dibujos, canta muy bien y no le cuesta hacer rimas.

Hesse ingresó a la edad de seis años en un internado donde se educaba a los hijos de los misioneros pietistas destinados en África y en la India. Ésta no sería la última «reclusión» que viviría el pequeño, cosa que no hizo más que aumentar su sentimiento de desamparo e incomprensión ante unos padres que desatendían sus necesidades y preferían volcarse en la misión.

Retorno a Calw

En 1886 la familia Hesse regresó a su localidad de origen. Su cometido, esta vez, sería asistir al abuelo Gundert, que se hallaba enzarzado en la obra de su vida: un extenso diccionario de la lengua malayalam; paralelamente, debían hacerse cargo de la revista de la misión.

El traslado a la casa del patriarca fue una bendición para el pequeño Hermann, que enseguida se mostró más dócil y diligente. El idílico paisaje de Calw era para él un verdadero bálsamo; años después escribía:

> Cuando hablo como poeta del bosque o del río, de la pradera, de la sombra del castaño, o del perfume de los abetos, me refiero al bosque entorno a Calw, a su río, el Nagold, a los bosques de abetos y los castaños de Calw...

Hesse regresó a la escuela y empezó a interesarse por los estudios. Tenía nueve años, y las buenas notas parecían indicar que seguiría los pasos de su padre o de su abuelo materno. Mostraba especial predilección por el griego clásico, del que decía que «se aprende no para ganar dinero o para viajar por el mundo, sino para conocer a Platón, Sócrates o Homero».

A ello se sumaba el gusto por la música; pronto empezó a componer melodías para violín, instrumento para el cual demostró tener buenas dotes.

Poeta o nada

Pero esta época de sosiego no tardaría en verse truncada. Poco después de instalarse en la nueva residencia, Johannes Hesse cayó en una profunda depresión, motivo por el cual tuvo que ser internado en un sanatorio de Berna. Parece ser que la familia Hesse tenía una predisposición genética a los colapsos nerviosos, razón que –según algunas fuentes– contribuiría a las crisis posteriores del autor.

Fue entonces cuando Hermann, que contaba trece años, decidió ser «poeta o nada». Para esta determinación tuvo un papel muy importante la lectura de los poemas de Hölderlin, en palabras del adolescente: «lo más precioso que me ha ofrecido la vida».

Las alternativas del artista

A juzgar por las bellas acuarelas que se conservan de él y por su rápida progresión como músico, el joven Hermann parecía mejor dotado para la pintura y la música que para la literatura. No obstante, su aversión hacia los conservatorios y, en general, hacia todo el mundo académico, hizo que finalmente optara por emprender la carrera literaria. «Para todo hay escuela menos para ser escritor», afirmaba Hesse.

Sin embargo, su vocación literaria, , chocaba frontalmente con el proyecto de sus padres, que habían resuelto que se formara para ser un misionero. Con este fin le tramitaron la nacionalidad alemana –hasta entonces era ciudadano suizo– y le enviaron al instituto de Göppingen para preparar el *Landexamen*[1]. Durante más de un año se vio obligado a estudiar con gran intensidad para ser admitido en el seminario protestante de Maulbronn.

Acuarela de Hermann Hesse. El escritor mantendría la afición a la pintura durante toda su vida.

A mediados de julio de 1891 superó el examen de admisión y dos meses después ingresaba en Maulbronn, junto a otros 46 seminaristas.

Entre muros

La permanencia de Hermann en el seminario –ubicado en un imponente monasterio cisterciense– no se prolongó más de

1 Examen al que se presentaban los alumnos más adelantados para optar a una beca del estado.

seis meses. En su novela *Bajo las ruedas* (y en menor medida en *Narciso y Goldmundo* y en *El juego de los abalorios*) el escritor reflejaría la insoportable experiencia que supuso para él este período. En la vetusta institución se impartía una educación rígida y anacrónica que –como testimonia la novela– entorpecía el sano desarrollo de muchos jóvenes que no estaban preparados para aquella disciplina.

Sorprendentemente, la estancia de Hesse en la institución empezó con buen pie. Éste enviaba a sus padres cartas llenas de entusiasmo, en las que hablaba vivamente de sus compañeros y profesores. Sin embargo, aquella dicha no podía durar. El ánimo del joven seminarista empezó a decaer rápidamente, ahogado en el duro régimen del centro educativo.

Otto Bauer, rector del seminario de Maulbronn.

La huida

El 7 de marzo de 1892 decidió escapar de los muros del seminario. Transcurrido el almuerzo, sus compañeros le vieron cruzar al patio para ir a clase, pero no llegó a entrar en el aula. En el último momento cambió de dirección y –sin abrigo ni dinero– se internó en el bosque bajo una violenta tormenta.

El horario del seminarista

Los alumnos del seminario de Maulbronn, en el Land de Würtemberg, estaban obligados a cumplir el siguiente horario:

06:30 – en pie	12:00 – almuerzo
06:50 – oraciones	14:00 – reanudación de las clases
07:15 – desayuno	18:30 – cena
07:45 – inicio de las clases	19: 30 – oraciones

En total, los internos tenían 41 horas lectivas, a las que había que añadir las horas de estudio. El tiempo libre era escaso, sólo los domingos había el tiempo justo para una pequeña excursión por los alrededores.

Al reiniciarse las clases, los profesores se dieron cuenta de su ausencia y empezaron a buscarle por el bosque –divididos en distintos grupos– sin obtener resultado. Finalmente fue hallado por la policía, que lo encontró hambriento, agotado y tiritando de frío, después de haber pasado la noche en un pajar. La escapada había durado 23 horas.

Curiosamente, este desenlace tiene otras versiones según la fuente que se consulte. Algunos biógrafos mantienen que volvió acompañado de un cazador, otros que volvió al seminario por su propio pie.

Inmediatamente después de este incidente, le empezaron a asaltar fuertes dolores de cabeza, además de insomnio. Su salud empeoraba día a día; a ojos del médico de la institución, Hesse tenía síntomas de desequilibrio nervioso.

Exactamente dos meses más tarde, su madre acudió al seminario para llevárselo. Ello supuso un gran alivio para las autoridades del centro, que empezaban a dudar de la cordura de su pupilo. La familia había decidido dejarlo en manos del pastor y teólogo Christoph Blumhardt, un conocido exorcista que «arrancaba los demonios» a través de la oración.

Amor y exorcismo

En Bad Boll, donde se hallaba la residencia de Blumhardt, el joven rebelde disfrutó de más libertades de las que esperaba encontrar. Aunque seguía padeciendo insomnio y fuertes dolores de cabeza, los nervios de Hermann se relajaron con el paseo, el reencuentro con antiguos compañeros de instituto y algún breve viaje. Le agradaba, sobre todo, desplazarse a Cannstatt a visitar a su hermanastro Theo. Con él mantenía interesantes conversaciones sobre el arte y la música que le hacían olvidar las extrañas situaciones que se vivían en casa del pastor exorcista.

En casa de Theo conocería a Eugenie Kolb, una muchacha siete años mayor de la que Hermann se enamoraría perdidamente. Como no podía ser de otro modo, el atrevido jovenzuelo –que le había manifestado abiertamente sus sentimientos– fue rechazado, cosa que lo sumió una vez más en la desesperación.

El 20 de junio dio un tremendo golpe de efecto: consiguió dinero para comprar un revólver y desapareció dejando una nota de suicidio. Reapareció el mismo día malhumorado e insolente.

El jardinero del manicomio

El escándalo estaba servido: dos días más tarde Marie Hesse recogió nuevamente a su hijo y –siguiendo el consejo del encolerizado Blumhardt, cuyo fracaso ponía en peligro su reputación– lo ingresó en el manicomio de Stetten, donde trataban a niños retrasados y epilépticos.

Desde el centro de salud mental, Hesse –que había cumplido quince años– enviaría frecuentes cartas a sus padres llenas de resentimiento y fatalidad. El abandono que sentía el joven se ponía de manifiesto en la forma de firmar estas misivas: «H. Hesse nihilista (jaja!)», «H. Hesse exiliado», «H. Hesse en el penitenciario». El director del sanatorio de Stetten advirtió en seguida que los problemas de Hermann obedecían a causas emocionales. Le permitió retomar los estudios de bachillerato y le puso al cargo del jardín del centro. Ello le llevó a descubrir una pasión que le acompañaría toda la vida. Además del estudio, Hesse compaginaba la jardinería con las clases que impartía a un grupo de niños discapacitados. Transcu-

Locos exquisitos

Genoveva Dieterich comenta en su álbum biográfico de la edición conmemorativa de *Demián* (Alianza, 1998) el curioso paralelismo entre la vida de Hesse y la del poeta Friedrich Hölderlin, uno de los autores favoritos de éste. El escritor de *Hyperion* también ingresó en el seminario para satisfacer a su familia y acabó encerrado en un manicomio.

rrido un mes, fue dado de alta y pudo regresar a Calw, donde las disputas familiares no se hicieron esperar.

El 22 de agosto de ese mismo año –17 días después de su regreso– volvió a ingresar en el sanatorio aquejado de una profunda depresión. Esta segunda reclusión fue más virulenta aún que la primera. En sus cartas, Hesse condenaba la autoridad paterna, el estado y la religión misma, no dudando en blasfemar contra Dios para llamar la atención de sus padres. Encontramos un eco de este Hesse «antisistema» en el protagonista de la novela que escribiría varias décadas después, *El lobo estepario*.

Estas dos cartas consecutivas muestran el abismo que se había abierto entre Hermann y su familia:

> Es difícil que me envíen a otra parte. En cualquier caso, os habéis librado de mí... Si me escribís diciendo que estoy loco o que soy imbécil, me lo creeré para que estéis contentos y me reiré el doble. (30 de agosto de 1892)

> Que daría por morirme... ¡Maldito 1892! Empezó catastróficamente en el seminario, después vinieron unos pocos días felices en Boll a los que le siguieron un amor no correspondido, y finalmente ¡un repentino desenlace! Y ahora lo he perdido todo: casa, padres, amor, fe, esperanza, y a mí mismo... ¡Me comportaré fría y gélidamente con todos, todos! Adiós, adiós, quiero estar solo... Dejad que el perro loco muera aquí... (1 de septiembre de 1892).

En cuanto Hesse vio confirmadas sus sospechas de que lo único que preocupaba a sus padres era mantenerle alejado, decidió tomar las riendas de su destino y pidió que le enviaran a la misión de Basilea, donde quedó bajo la custodia del pastor Jakob Pfisterer. Allí experimentó una notable mejoría. Un mes más tarde ingresaba en el instituto de Cannstatt –donde vivía su hermanastro Theo– para reanudar sus estudios. La tormenta parecía haber pasado.

Días de vino y balas

El regreso de Hermann a la vida estudiantil tendría un sabor agridulce. Por una parte, en Cannstatt, Hesse demostró a su fa-

¿Dónde está Hermann?

En el centro de la última fila.

milia y a sí mismo que podía vivir de modo independiente. En el instituto entabló una sólida amistad con uno de los profesores, el Dr. Kapff, el cual le devolvió la confianza en sí mismo.

En el lado negativo de la balanza tenemos otra tentativa fallida de intimar con Eugenie Kolb, y un nuevo intento de suicidio al más puro estilo Hesse. El 20 de enero de 1893, el escritor fue a Stuttgart para vender sus libros y comprar un revólver. También esta vez acabó renunciando a su propósito, con el consiguiente sentimiento de humillación.

Hesse descubriría en esta época el sabor de las borracheras y la vida disoluta. Cuando no estaba entregado a la lectura de Heine y Eichendorff, el escritor bebía sin freno en las tabernas en compañía de jóvenes de la peor calaña. Al igual que el protagonista de *Demian*, Hesse era «como un pájaro que pugna por salir del cascarón».

Contra todo pronóstico, el díscolo Hermann consiguió concluir con éxito la escuela secundaria el mes de julio. Volvía a Calw con el título de grado medio bajo el brazo y un jarro de agua fría para sus entusiasmados –por poco tiempo– progenitores: daba sus estudios por terminados y renunciaba totalmente a cursar carrera universitaria alguna.

El ascenso a la cumbre

La verdad se vive, no se enseña.

Superada la decepción inicial de la familia, que había depositado en Hermann renovadas esperanzas, llegó el momento de pensar qué convenía hacer con el chico rebelde. Al igual que sucede con el personaje de *Bajo las ruedas* –un calco de la adolescencia de Hesse–, el padre empezó a buscarle un oficio.

Mientras tanto, el muchacho vivía dedicado a tocar el violín, dibujar y escribir poemas. Johannes Hesse no concedía valor alguno a los escarceos artísticos de su hijo, al cual no veía capacitado para despuntar en ninguna de estas artes.

El primer destino de Hermann –por decisión paterna– fue una librería de Esslingen de la que éste escapó al cabo de tres días. Durante los meses siguientes, el joven artista vivió ajeno a los apremios familiares, que esperaban pacientemente que el chico madurase y se hiciese un «hombre de provecho».

El segundo intento de integrar a Hermann en la sociedad productiva tuvo como escenario la fábrica de relojes de Calw. Allí entró como aprendiz del maestro Perrot, quien en su novela tardía *El juego de los abalorios* aparecería como el personaje que descubre la mecánica del juego. Al principio, Hesse cumplió obedientemente –para sorpresa de todos– con el horario de mañana que le había sido asignado. Por contra, las tardes las dedicaba a escribir poemas y cartas, leer a sus autores favoritos y dar largos paseos por los fragantes campos de Calw. En una de las cartas dirigidas a su querido profesor Kapff, afirmaba:

> Ahora parece ser que he encontrado nuevamente la tranquilidad y la serenidad, me he curado espiritualmente... los malos tiempos llenos de odio y rabia, mis intentos de suicidio, todo eso ha quedado atrás. Se ha desarrollado mi «Yo» poeta, la época tormentosa felizmente ha pasado.

Sin embargo, la doble vida de Hesse tampoco se prolongó mucho tiempo. Tras abandonar en septiembre su puesto de aprendiz, decidió irse de casa para ganarse la vida por sí mismo.

Aprendiz de librero

A través de un anuncio insertado en el periódico de la capital, Hesse obtuvo un puesto de aprendiz en la librería Heckenhauer de Tübingen, donde buscaban «un joven con formación latina». Con dieciocho años cumplidos, Hermann tenía un trabajo y una habitación para él; empezaba a vivir por sus propios medios.

El horario de trabajo, sin embargo, era altamente exigente: pasaba de 10 a 12 horas diarias en la librería –mayormente de pie– y llegaba a casa totalmente agotado y con dolor de cabeza. Aun así, se las arreglaba para frecuentar las tertulias estudiantiles de la ciudad, escribir y leer a los clásicos. Además de Goethe y los románticos alemanes, se interesó por Dickens, Sterne, Swift, Fielding y Cervantes. También les llegó su turno a Ibsen, Zola y, con especial entusiasmo, Korolenko, un escritor ruso contemporáneo del autor. De todas estas fuentes bebería el avezado Hesse, que estaba forjando en aquella época su estilo literario.

La librería Heckenhauer en la época en la que Hesse trabajaba de aprendiz. El escritor permanecería en ella cuatro años.

El gusto por los literatos clásicos fue dejando lugar a la cada vez más influyente figura de Nietzsche. Aunque la filosofía del *Así habló Zaratustra* le resultaba un tanto anticuada, se sentía fascinado por el enfoque ascético y vital de la obra, a la que sólo reprochaba su «moral de señores».

El resto del poco tiempo libre que le quedaba lo dedicaba a tocar el violín y a escuchar a Chopin, del que decía: «Lo que para Nietzsche era Wagner, para mí lo es Chopin».

La habitación de Hesse

Con su primer sueldo –cobraba 80 marcos al mes– se compró una estatua de yeso de Hermes para decorar su habitación. En una pared colocó una gran lámina a color del rey Karl von Würtemberg, además de multitud de fotografías e ilustraciones –muchas de ellas recortadas de revistas– de personajes a los que él admiraba. Entre éstos se encontraban Nietzsche y Chopin. La pared opuesta, donde estaba el sofá, se hallaba decorada con una colección de pipas de fumar.

El pequeño cenáculo

Al igual que otros intelectuales de su tiempo, Hesse leía con verdadera fruición a Burckhardt, un prestigioso historiador suizo, autor de la *Historia de la civilización griega*. Puede decirse que éste sería su guía en la segunda mitad de su vida. En cambio, Shopenhauer –muy en boga en los ambientes literarios– le parecía demasiado pesimista y artificioso. Su interés por el filósofo no despertó hasta que renació en él la fascinación por la India.

Hesse autodidacta

A pesar de que Hesse había renunciado a ir a la universidad, en varias ocasiones afirmó que los libros que había leído entre los 16 y los 20 años hubieran bastado para un estudio universitario normal. Acometió media literatura universal y estudió a fondo filosofía, historia del arte y varias lenguas.

En su formación tuvo gran importancia un cenáculo literario fundado por el propio Hesse con varios amigos apasionados de los libros. El *petit cénacle* celebraba sus tertulias sobre todos los temas imaginables, en las habitaciones de los amigos o en las concurridas tabernas de Tübingen.

Corre la tinta

En 1896 Hesse publicó su primer poema, *Madonna*, en la revista vienesa *Deutsches Dichterheim*, donde seguiría publicando los siguientes dos años. Para sorpresa de Hesse, a través de esta misma revista pudo conocer a su primera admiradora, la también escritora Helene Voigt, que desempeñaría un importante papel en la futura promoción de Hermann.

Satisfecho con el discreto –pero perceptible– eco que estaban teniendo sus composiciones líricas, Hesse decidió publicar su primer libro por su cuenta y riesgo. Aparecería en 1898 bajo el título de *Romantische Lieder* (*Canciones románticas*). El autor sufragó una tirada de 600 ejemplares. Como dato curioso, en 1900 –es decir, dos años después– sólo se habían vendido 54 ejemplares de la misma.

Impresionada por la belleza del libro, Helene Voigt convenció a su prometido, el editor de Leipzig Eugen Diederichs, para que publicara una recopilación de escenas y poesías románticas del autor.

Hermann Hesse a la edad de 21 años.

La obra se tituló *Eine Stunde hinter Mitternacht* (*Una hora después de medianoche*), y en ella Hesse seguía fiel a los modelos románticos que habían marcado su juventud. Este título tampoco fue ningún éxito de ventas, pero dejaba entrever el potencial que albergaba el joven escritor. Nada menos que el poeta Rainer Maria Rilke escribiría:

El principio del arte es la piedad: piedad hacia sí mismo, hacia lo vivido, hacia todas las cosas, hacia un gran modelo y la propia, inexperimentada fuerza... En el ámbito de este sentimiento crearía su obra Hermann Hesse.

Fin de etapa

Los pequeños éxitos del muchacho no alegraron precisamente a Marie Hesse, cuya rígida moral protestante le hacía ver la literatura como una actividad de ociosos y blasfemos. La reacción de ésta ofendió profundamente a Hermann, que exigió a su madre que le devolviera inmediatamente el ejemplar que le había remitido. Dos años más tarde, moría Marie Hesse sin haber comprendido en ningún momento por qué su hijo se empeñaba en llevar una vida diferente de la suya.

La provechosa estancia en Tübingen de Hermann Hesse se cerró con un viaje a Kirchheim acompañado de sus amigos del *petit cénacle*. El grupo se alojó unos días en la posada Zur Krone. Como si de un relato romántico se tratara, todos se ena-

El infierno literario

Los padres de Hermann Hesse eran extremadamente moralistas, hasta el punto de rozar prácticamente la locura. Ambos veían la literatura como un campo demasiado mundano y proclive al pecado. Horrorizada por la publicación de *Una hora después de medianoche*, Marie Hesse escribió a su hijo la siguiente advertencia:

> *Huye de la musa febril como si fuera una serpiente; ella es la que se desliza en el paraíso y cierto día te ofrecerá el veneno a través del paraíso del amor y la poesía... Oh, hijo mío, escapa de ella... Mi querido hijo, ¡Dios te ayuda y protege y te salvará de esto!*

moraron perdidamente de Julie Hellmann, la sobrina del posadero, con la que Hesse mantendría durante años una ardiente correspondencia. Este episodio quedó reflejado en la futura novela *Hermann Lauscher*, en la que el autor llevaba trabajando varios años.

Basilea

Una vez finalizado el aprendizaje de librero en Tübingen, Hesse se trasladó a Basilea. Había obtenido un puesto en la librería R. Reich. A partir de ahora cobraría entre 150 y 200 marcos al mes. El halo cultural que desprendía la ciudad suiza inflamaba el ánimo del poeta. Así como asociaba Tübingen a la figura de Goethe, Hermann escribiría: «Basilea era para mí sobre todo la ciudad de Nietzsche, Jakob Burckhardt y Böcklin».

Por medio de unas amistades de su padre –el cual había impartido clases en la misión de Basilea–, el joven Hesse tuvo acceso a los más selectos círculos intelectuales. En especial, se relacionaba con los arquitectos Hans Drach y Heinrich Hennen, con los que incluso compartió piso hasta que pudo conseguirse un apartamento propio.

Rebosante de vitalidad, empezó a compaginar la literatura con colaboraciones en el periódico *Allgemeine Schweizer Zeitung*. Esta actividad le proporcionaría mucha más fama y reconocimiento social –al menos en Suiza– que sus libros, prácticamente desconocidos para el público general.

Aunque su profesión de librero le agradaba, no le dejaba demasiado tiempo para su carrera literaria ni para viajar. A

La atracción italiana

Entre marzo y mayo de 1901 Hermann Hesse viajó por Italia tras haber ahorrado durante mucho tiempo. Después de una primera parada en Milán, el escritor recorrió Génova, Pisa, Florencia, Boloña, Rávena, Padua y Venecia. En este país tomaría notas para su posterior libro *Peter Camezind*, además de escribir sendos ensayos sobre Bocaccio y San Francisco de Asís.

Italia ha sido siempre un punto de referencia estético y existencial para los intelectuales alemanes. Además de la larga estancia de Goethe en Roma y Venecia –donde escribió su célebre diario–, cabe destacar los viajes de Nietzsche, Thomas Mann y Kafka.

causa de esto, Hesse abandonó la librería en febrero de 1901 y se trasladó a Calw para escribir con tranquilidad.

Su regreso a Calw tuvo un gusto amargo: su madre –aquejada de una dolencia de los huesos– se hallaba en una fase muy avanzada de su enfermedad, argumento que no bastó para retener a Hermann en su población natal. La relación entre ambos se había enfriado hasta tal punto que el escritor decidió no prolongar su estancia más de lo previsto. A finales de verano regresaba a Basilea, donde un mes después vería la luz su libro de viajes *Reisebilder* (*Cuadros de viaje*).

En Basilea –a diferencia de Tübingen–, Hesse participaba en una animada vida social. Visitaba regularmente la casa del Dr. Wackernagel, punto de encuentro de historiadores, arquitectos, filósofos y teólogos; también frecuentaba las veladas musicales del padre La Roche, de cuya hija –Elisabeth– se enamoraría Hesse. En sus libros *Tagebuch* (*Diario*) y *Peter Ca-*

menzind se incluyen poemas de amor que el autor había dedicado originalmente a esta dama.

Un adiós silencioso

En abril de 1902 fallecía Marie Hesse. Para sorpresa de sus familiares, el escritor no acudió al entierro. Mandó una carta excusándose por su ausencia y se refugió en su trabajo para huir del abatimiento. Un año más tarde, Hesse recordaría a su madre de esta manera:

> Si reflexiono con claridad, lo mejor que poseo espiritualmente se lo debo a nuestra querida madre, a la que siempre siento viva en mi interior.

En especial, rememoraba los tiempos de su infancia en los que su madre le contaba cuentos «como nadie», en palabras del mismo Hesse.

Una vez más tuvo que recurrir al paisaje de Calw para recuperarse. A su creciente melancolía se sumaban la fatiga ocular –dos años antes se había librado del servicio militar a causa de su deficiente visión– y los fuertes dolores de cabeza. En noviembre regresaba a Basilea notablemente restablecido.

La escritura y la vida

Tras la publicación de su segundo volumen lírico, *Neue Gedichte* (*Nuevos poemas*), llegó el año definitivo para la emancipación de Hesse, que a partir de entonces podría dedicarse exclusivamente a la literatura. En 1903, el editor berlinés Samuel Fischer –que acababa de publicar la primera novela de Thomas Mann, *Buddenbrooks*– quedó muy impresionado con su novela *Hermann Lauscher*, descubierta por un lector de la editorial.

Espoleado por las buenas perspectivas, Hesse se entregó en cuerpo y alma a la redacción de su segunda novela, *Peter Camenzind*, que aparecería por entregas en la aclamada revista de Fischer, *Die neue Rundschau*. En esta obra –un verdadero canto a la vida– el escritor deja atrás las preocupaciones filosóficas y da lugar a una idílica y melancólica aventura que entusiasmó especialmente a los jóvenes. La serie obtuvo un notable éxito, permitiendo a Hesse ver cumplido su sueño: vivir para escribir.

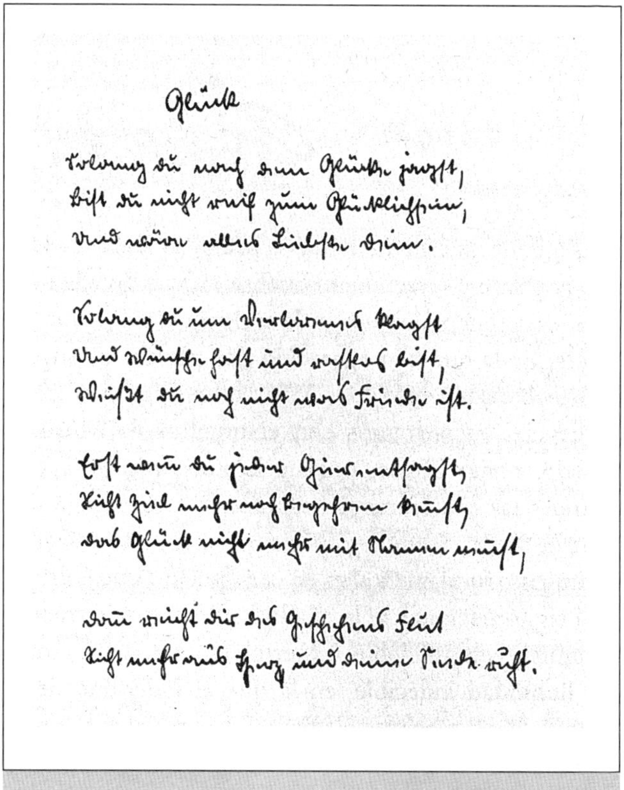

Glück

Solang du nach dem Glücke jagst,
Bist du nicht reif zum Glücklichsein,
Und wäre alles Liebste dein.

Solang du um Verlorenes klagst
Und Wünsche hast und rastlos bist,
Weißt du noch nicht was Friede ist.

Erst wenn du jeder Gier entsagst,
Nicht Ziel mehr noch Begehren kennst,
Das Glück nicht mehr mit Namen nennst,

Dann reicht dir des Geschehens Flut
Nicht mehr ans Herz und deine Seele ruht.

Poema manuscrito de Hermann Hesse titulado Glück *(*Felicidad*).*

El breve encanto de la burguesía

La mayoría de cosas, aunque se pretexte que es por otros motivos, se hacen por las mujeres.

El escritor conoció en tierras italianas a la que iba a ser su esposa: su nombre era Maria Bernouilli, –hija de un respetado profesor y científico de Basilea– y había formado parte del grupo con el que viajaba.

Mia, tal como la llamaba Hermann, se parecía físicamente a su madre, con la que también compartía el nombre. Era una mujer segura e independiente –realmente adelantada a su tiempo– que amaba la fotografía y la música. Maria Bernouilli inspiraría el cuento *Iris*, uno de los más bellos del autor:

> Ella era mayor que el tipo de mujer que habría deseado como esposa. Era muy particular, y sería difícil vivir a su lado y seguir su ambición, pues de esto no quería oír nada. Tampoco

El escritor con su esposa, Maria Bernouilli.

era muy fuerte y no tenía buena salud, por esta razón le costaba estar con los demás y participar de fiestas y reuniones. Lo que más le gustaba eran las flores, la música y la compañía de algún que otro libro. En soledad y silencio esperaba que alguien se acercara a ella dejando que la vida siguiera su camino. A veces era tan tierna y sensible que todo lo extraño le hacía daño y se ponía a llorar con gran facilidad. Otras veces resplandecía tranquila y delicada en una solitaria alegría, y quien la veía sentía lo difícil que era darle y significar algo para esta especial y bella mujer.

Su fortaleza de carácter atrajo enseguida al novelista, aunque luego la vida en común no sería tan fácil.

Los meses que precedieron a su boda fueron muy fértiles para Hesse. El escritor se dedicó a pasear y viajar; en Munich, su editor –Samuel Fischer– le presentó a Thomas Mann, con el que iniciaría un intenso intercambio epistolar.

Thomas Mann, con quien Hesse mantendría una larga y fructífera amistad. El escritor alemán recibió en 1929 el premio Nobel de Literatura.

Mientras Hermann se hallaba inmerso en la redacción de *Bajo las ruedas*, Mia se dedicó a buscar el que iba a ser su nido de amor. Siguiendo los pasos de Ruskin y Tolstoi, la pareja se instaló –después de

Ocho años de calma

En Gaienhofen, los Hesse vivían tan aislados que para visitar a los habitantes más cercanos o hacer la compra tenían que cruzar el lago en barca. La granja no tenía agua corriente –había que irla a buscar a un pozo– ni electricidad. Aparte de la cocina, la casa contaba con dos habitaciones y un estudio.

Tras el nacimiento de su primer hijo, Bruno, el matrimonio mandó construir una casa –diseñada por ellos mismos– donde gozarían de todas las comodidades.

una sencilla boda– en una granja rústica en medio del campo, lejos del mundanal ruido tal como deseaba el escritor. La casa, situada en Gaienhofen junto al lago Constanza, estaba rodeada de naturaleza pero no disponía de demasiadas comodidades: era más un refugio de montaña que una vivienda para unos recién casados. Allí Hesse pudo dedicarse íntegramente a la literatura, mientras su mujer tocaba el piano o daba largos paseos a la captura de imágenes.

La granja de Gaienhofen, donde Hesse y Mia vivieron entre 1904 y 1907 antes de trasladarse a una vivienda más moderna.

Vida acomodada

El matrimonio viviría cinco años más en Gaienhofen. En su nueva casa nacieron otros dos varones, Heiner y Martin. La joven familia contaba ahora con habitaciones bien amuebladas, baño, agua corriente, bodega, un cuarto oscuro para el revelado fotográfico y un amplio jardín –el lugar favorito de Hermann.

En este entorno familiar y burgués, Hesse escribió *Bajo las ruedas*. Al igual que su anterior novela, ésta se publicaría por entregas en la revista de Fischer *Neue Rundschau*. Para ello el editor le exigió ciertas rectificaciones y cortes, ya que las autoridades competentes consideraban que era un texto demasiado duro. En esta *Schulroman*[2], Hesse reproducía con crudeza su adolescencia en la escuela y la austera vida del seminario. En 1906 la novela se editó en forma de libro, obteniendo el reconocimiento de la crítica y el público.

El éxito de *Bajo las ruedas* proporcionó a Hesse mucha seguridad, pero el escritor se sentía demasiado atado a un mundo de comodidades al que no sabía como había llegado. Muchas noches necesitaba «huir» de la casa por un par de horas. Con su abrigo, gorro y bastón característicos, desaparecía en la niebla, anhelando la espartana simplicidad de los primeros años.

Por suerte, Hermann pronto pudo gozar de una valiosa compañía. El escritor Ludwig Fink, camarada de Hesse en Tübingen, decidió instalarse en la casa contigua, con lo que se inició una estrecha amistad entre vecinos. Iban juntos al lago a nadar o a pescar, siendo ambos célebres entre la población local por su extravagante vestimenta y costumbres. Su vida en esta época se ha comparado a la de Walt Withman junto al lago Michigan.

---

2 Del alemán, «novela escolar».

Una visita chocante

Entre las visitas que recibía asiduamente Hermann Hesse en su nueva casa, fue curiosa la de Stefan Zweig. En su primera visita a Gaienhofen, el escritor austríaco se dio de cabeza contra la puerta con tal fuerza, que necesitó estirarse un cuarto de hora antes de poder pronunciar palabra.

La casa de Hesse se había vuelto un punto de encuentro de literatos y artistas en general, que acudían a charlar con el cada vez más célebre escritor.

La distancia interior

Con el paso del tiempo, Hesse se distanciaba cada vez más de aquel mundo perfecto y ordenado. No estaba seguro de que esa vida fuera lo que verdaderamente andaba buscando como creador. Rememoraba los anhelos de su juventud, las esperanzas que había puesto en su vida de «escritor libre», y se sorprendía de que todas las ilusiones invertidas hubieran dado como fruto una vida acomodada sin demasiados alicientes. El autor afirmaba: «En Gaienhofen estoy bien, muy bien; incluso mi gato engorda, recibe leche, tanta como quiere».

Al escritor le gustaba escuchar a su mujer al piano mientras degustaba un buen vino en compañía de sus hijos. Pero los acordes de Schumann y Chopin que flotaban en el salón no podían evitar que Hesse se preguntara: «¿Soy realmente fe-

Fotografía del escritor tomada en 1907.

liz?». Posteriormente comentaría que cada vez que pasaba un vagabundo por delante de su casa sentía envidia por aquella vida tan libre y austera.

Las responsabilidades familiares le pesaban cada vez más; por otra parte, la convivencia con Mia se había vuelto difícil. El carácter temperamental de ésta crispaba sobremanera a Hermann, que necesitaba tranquilidad para encaramarse a sus fantasías. El desinterés del escritor por su familia avanzaría paralelamente al de su esposa por la literatura.

Cuando la distancia entre ambos ya parecía insalvable, Hesse empezó a realizar escapadas periódicas para alejarse físicamente del hogar. Viajaba por Suiza, al norte de Italia o a Munich, donde entraría en contacto con los editores de la revista *Simplicissimus*, en la que convergían los principales escritores alemanes críticos con el sistema.

La correspondencia con Thomas Mann proseguía a ritmo regular. A Hesse le gustaba relacionarse con escritores, aunque se identificaba más con los pintores y músicos. Desde su

Hesse naturista y vegetariano

Dentro del proceso de «desancle» del puerto familiar, Hermann comenzó a frecuentar los balnearios; en especial, el sanatorio naturista y vegetariano de Monte Veritá. Siguiendo los preceptos del centro, allí Hesse caminaba desnudo, dormía en el suelo y disfrutaba de su aislamiento en un entorno natural privilegiado. Había conocido esta institución a través de Karl Gräser, un artista bohemio y polifacético que en ese tiempo ejercía gran influencia sobre él.

infancia, se había sentido estrechamente ligado a la música y una vida sin ella se le hacía impensable. Prueba de ello era su violín, del que no se había separado desde los nueve años. Este amor por la música y la pintura quedaría reflejado en la mayoría de sus novelas.

Un otoño en Oriente

En septiembre de 1911, año del nacimiento de su tercer hijo, el escritor inició un viaje de casi tres meses a la India colonial[3], un destino muy frecuentado por los intelectuales de la época. Le acompañaba el pintor Hans Sturzenegger. Hesse sentía gran fascinación por la India, ya que era el lugar de nacimiento de su madre, y otros miembros de su familia habían residido en el país largas temporadas.

Partieron en barco desde Génova y, después de cruzar el Canal de Suez, arribaron a las costas de Singapur el 3 de octubre. Desde allí viajaron a Sumatra, Palembang y Kuala Lumpur, donde se alojarían en casa de un hermano de Sturzenegger. Las experiencias y pensamientos que desataron este viaje dieron lugar a su libro *Aus Indien* (*Desde la India*).

Pese a que el escritor en un primer momento quedó decepcionado con lo que encontró en tierras asiáticas –reacción común a muchos viajeros–, éste recogería más tarde los frutos de este viaje, que dio lugar a la novela *Siddhartha*. Además de

[3] La India que conoció Hesse no se corresponde con el actual estado indio, ya que abarcaba una extensión geográfica mucho más amplia.

su interés por las religiones orientales, Hesse consagraría largos años –siguiendo los pasos de su abuelo materno– al estudio del hindi y el chino.

De regreso a Europa, decidió abandonar la casa de Gaienhofen. Estos meses de cambios fueron acompañados de una intensa producción literaria: publicaría una antología de cuentos –*Erzählungen*–, a la vez que iniciaba la novela *Rosshalde* y estrenaba la obra musical *Gertrud*, que no gozaría del favor del público. Era el fin de una época.

Tiempo de tormentas

No creo en una humanidad «mejor», yo no creo que sea nunca mejor o peor, es siempre igual. Pero las irrupciones de lo demoníaco en lo humano suceden en algunas épocas, no sólo ocultas entre criminales y psicópatas, sino que a veces abiertamente y a lo grande, hacen política y arrastran a pueblos enteros.

La familia Hesse dejó su idílico hogar de Gaienhofen el otoño de 1912 para ir a Berna. Allí se alojaron en la casa de Albert Welti, un pintor amigo de Hermann que había fallecido poco antes. Este traslado marcaría el adiós definitivo a Alemania, donde se preparaba la tormenta bélica que iba a asolar Europa.

En los prolegómenos de la Gran Guerra, el escritor se mostraba muy activo en los centros de debate intelectual, colaborando en las combativas revistas *Simplicissimus* y *März*, ésta última muy crítica con el régimen autocrático del Kaiser Guillermo II. Aunque Hesse era contrario a implicarse en los movimientos de masas, especialmente en los de orden político –él era partidario del individuo–, el clima de creciente tensión que se vivía en Alemania hizo que se pronunciara a favor de una reconciliación entre naciones que era ya imposible.

Editor en las trincheras

El asesinato en Sarajevo del archiduque Francisco Fernando abrió la caja de los truenos; la llamada a la humanidad y al sentido común de Hesse y otros intelectuales no sirvió para frenar una debacle de proporciones nunca vistas.

Sin embargo, el estallido definitivo de la guerra pondría a cada uno en su lugar. Hermann Hesse –que todavía ostentaba la nacionalidad alemana– se presentó en la embajada de Alemania para ofrecerse como voluntario. Fue rechazado como soldado, ya que había sido excluido del servicio militar por su vista cansada, pero le propusieron una alternativa más acorde con su naturaleza: colaborar con la Cruz Roja en el envío de libros a los soldados alemanes presos en Francia, Italia y Rusia.

Esta actividad llevó a Hesse a editar por sí mismo, a partir de enero de 1916, la publicación bimensual *Sonntagsbote für die Kriegsgefangene* (*Mensajero dominical para los presos alemanes*), y a partir de diciembre, la revista *Deutsche Interniertenzeitung* (*Periódico de los internados alemanes*). Poco después fundaba una pequeña editorial, la *Bücherzentrale für deutsche Kriegsgefangene* (*Central de libros para los presos de guerra*), que durante el último año de guerra llegó a publicar veintidós títulos. En estos volúmenes había cuentos de Emil Strauss, los hermanos Mann, Gottfried Keller y algunos de propios. El editor de Hesse, Samuel Fischer, donó a la *Bücherzentrale* cincuenta libros elegidos por Hesse, además de cinco ejemplares de cada uno de los títulos de Thomas Mann. Todos ellos eran pequeños regalos para los lectores encarcelados.

Las noticias que llegaban del frente, el alud de muertos, heridos y refugiados, conmocionaron profundamente al escritor, que pondría todo su empeño en consolar a los prisioneros de guerra con sus amados libros. Asumía esta tarea como un modesto deber personal, lejos de las acciones heroicas y las medallas al valor. Con esta frase, el autor resumía el espíritu de su labor: «La miseria que clama de todas partes del mundo es tan monstruosa, que desde mi pequeño rincón haré todo lo posible para ayudar».

El fin de la guerra tendría un sabor doblemente agrio para el escritor. Su postura patriótica y a la vez pacifista sería incomprendida, especialmente en Alemania, donde se levantaron muchas voces en su contra que lo acusaban de «desertor» y «traidor a la patria». Obligado a nadar toda su vida entre dos aguas, en la Segunda Guerra Mundial se repetiría la misma situación, siendo –irónicamente– acusado de todo lo contrario.

Sin dejar lugar a dudas sobre su posición a favor de la paz, Hesse hacía en esta carta una amarga reflexión sobre la guerra y la responsabilidad colectiva:

> Una guerra no cae del cielo; como cualquier otra empresa humana hay que prepararla, necesita de los cuidados y de la colaboración de muchos para llegar a ser posible y real. Pero la desean, la preparan y la sugieren aquellos hombres y fuerzas a los que proporciona alguna ventaja. O bien les aporta beneficios en dinero contante y sonante, como a la industria de armamento (y en cuanto hay guerra ¡qué cantidad de pequeñas industrias, antes inofensivas, se convierten en negocios de ar-

mamento y con qué rapidez afluye a estos negocios el capital!), o bien les proporciona importancia, consideración y poder, como a los generales y comandantes sin trabajo.

El derrumbe

Además de las terribles pérdidas materiales, humanas y éticas que supuso la Gran Guerra para su generación, al escritor le deparaban nuevas calamidades. En 1916 moría su padre, Johannes Hesse. En esta ocasión, Hermann accedió a viajar a Calw para asistir al entierro. A ello se unió la extraña enfermedad de su hijo mayor, Bruno, que le llevaría casi a las puertas de la muerte. Al mismo tiempo, se agudizó su crisis matrimonial, en buena parte debido a los acusados signos de esquizofrenia que afloraban en Mia.

El psiquiatra suizo –y discípulo de Freud– Carl Gustav Jung.

A resultas de esta situación, Hesse sufrió una severa crisis nerviosa que le puso en manos del doctor Lang, discípulo del eminente –y heterodoxo– psiquiatra suizo Carl Gustav Jung. El escritor trabó buena amistad con Lang, el cual se deslizaría en sus escritos bajo el personaje de Pistorius en su novela *Demian*. Después de 60 sesiones con este psicoanalista, Hesse conoció directamente a C.G. Jung, del que diría:

Me causó entonces una agradable impresión, pero en aquel tiempo comencé a percatarme de que los analistas son incapaces de establecer una relación genuina con el arte; carecen del sentido necesario para ello.

La peregrinación interior

En 1919, año de la Paz de Versalles, Hesse tomó la decisión de separarse de su mujer. Las crisis psicóticas de ésta se habían ido agravando progresivamente hasta el punto de tener que ser internada en un hospital. Después de una leve mejoría de Mia, Hesse resolvió viajar hacia el sur en busca de sí mismo. Sus hijos quedaron al cargo de varios amigos, con lo que el escritor se vería liberado de ejercer el rol paternal.

La existencia acomodada de Gaienhofen había derivado hacia el tedio y la frustración. Por otra parte, la vida en Berna tampoco le atraía; no había nada en la ciudad que alimentara el ánimo de Hermann, más hecho para el campo y los espacios abiertos.

En la primavera de 1919 se instaló en la tranquila localidad de Montagnola, en el cantón suizo de Tesino, el lugar más al sur de la Europa central que era el hábitat natural del autor. Allí llegaría libre de ataduras: sin esposa, hijos, casa ni trabajo. El escritor decidió adoptar en esta nueva época un nombre diferente para firmar sus obras: Emil Sinclair, nombre del personaje central de Demian. Ante todo, el deseo del escritor era dejar atrás una etapa.

Hesse se albergó en un castillo de estilo barroco del siglo XIX, del cual tomó alquiladas algunas habitaciones. Iba a residir en la llamada Casa Camuzzi hasta 1931. En su nueva residencia, enclavada en un frondoso entorno natural, Hesse pudo entregarse a la pintura y a la calma.

Durante los primeros años, el escritor no dispondría de demasiado dinero, ya que, además de la crisis financiera que asolaba la Alemania de postguerra, debía seguir manteniendo a su familia. Esta situación le obligó a salir de su madriguera y prodigarse en charlas públicas en las que daba a conocer sus obras.

Por otra parte, su vida diaria en la vieja mansión era muy austera: se alimentaba de leche, arroz y macarrones, y en otoño su cena consistía básicamente en castañas asadas.

La casa Camuzzi de Montagnola. El escritor vivió en esta mansión durante doce años.

Hugo Ball, dadaista y biógrafo

El que sería amigo de Hesse desde 1920 hasta su muerte en 1927, había irrumpido en la escena artística e intelectual europea en 1916, año en el que –junto con Emmy Henning, Hans Arp, Richard Huelsenbeck y Tristan Tzara– fundó el Cabaret Voltaire, cuna del dadaismo. El propósito de este movimiento era «recordar al mundo que hay personas de pensamiento independiente –más allá de la guerra y el nacionalismo– que viven ideales diferentes». El año de su muerte salió a la luz su espléndida biografía sobre el escritor, *Hermann Hesse, sein Leben und sein Werk* (*Hermann Hesse, su vida y su obra*).

Una vez asentado en la casa de Montagnola, Hesse empezó a entablar nuevas amistades, especialmente con el escritor Hugo Ball y su esposa Emmy, cantante de profesión. El matrimonio vivía en la localidad vecina de Agnuzzo.

Otros visitantes ilustres fueron el poeta y dramaturgo norteamericano T.S. Eliot, y la escritora suiza Lisa Wenger, de cuya hija de 22 años se enamoraría el autor. Encontramos un eco de este amor platónico en la obra *El último versano de Klingsor*.

En 1919, Hesse empezó a escribir la primera parte de *Siddhartha*, novela en la que se aprecia la influencia de sus admirados Nietzsche y Dostoievski. *Siddhartha* fue para el escritor un ejercicio de reconciliación con las raíces orientales familiares. La segunda parte de la novela, sin embargo, no aparecería hasta tres años más tarde, debido al bloqueo emocional que supuso para el autor enfrentarse a los referentes de su infancia. Sobre esta época, Hesse escribió lo siguiente:

> El año 1920 fue seguramente el más improductivo de toda mi vida, y también el más triste... Ahora vivo, hará ya un año y medio, como un caracol, lento y parsimonioso; la llama arde en lo más hondo.

La inestabilidad emocional hizo que Hesse visitara nuevamente al psicoanalista C.G. Jung en mayo de 1921.

Fiebre pictórica

En el silencio del vetusto caserón rodeado de bosque, Hesse dedicaba más tiempo y energías a la pintura que a la literatura. Pasaba la mayor parte del día plasmando en sus acuarelas motivos naturales. Más que nunca, la pintura se había convertido en su pasión. A partir de entonces, sus libros contarían con numerosas ilustraciones de su propia mano, y expondría asimismo en diversas galerías y museos de Suiza y Alemania.

Este idilio con los pinceles y el color quedó muy patente en su producción literaria. La prosa de esta época es más luminosa y descriptiva, y expresa la alegría de vivir de un autor satisfecho con la sencilla vida de ermitaño. Él mismo ilustraría una colección de poemas bajo el título *Gedichte des Malers* (*Poemas del pintor*).

La nueva vida de Hesse se cristalizó en su obra *El último verano de Klingsor*, que, como toda la narrativa del autor, tenía una importante base autobiográfica. Tal como comenta acertadamente Genoveva Dieterich en su estudio sobre el escritor, «El último verano de Klingsor es, en realidad, el primer verano en libertad del autor que, entre otras cosas, descubre su afición a la pintura.» Este fragmento de la novela es, en este sentido, toda una declaración de principios:

> La pequeña paleta repleta de colores puros y luminosos que se entremezclaban era mi consuelo, mi arsenal, mi devocionario y el cañón con el que disparaba después de muerto. Con ella he hecho magia más de mil veces, y he ganado mi lucha contra la estúpida realidad.

Al igual que Van Gogh en Arles, Hesse había abandonado los fríos tonos del norte para convertirse en un pintor que se entusiasma ante el color de la vida.

Fotografía del autor, inmerso en una de sus acuarelas.

En los momentos de mayor penuria económica, el escritor vendía poemas ilustrados. Por un poema escrito a mano cobraba 250 francos y por uno escrito a máquina, 200 francos.

Acuarela del autor de 1924. Hesse a menudo evocaría en sus láminas los paisajes italianos.

A menudo, destinaba estas ganancias a refugiados de guerra o a compañeros que se hallaban en dificultades financieras.

Hesse expuesto

Hasta la fecha se han realizado más de cincuenta exposiciones en todo el mundo dedicadas a la obra pictórica de Hermann Hesse. En Tokio, una exposición celebrada en 1996 recibió en sólo doce días más de 23.000 visitantes. Actualmente, pueden encontrarse reproducciones de sus acuarelas –además de en sus libros– en postales, calendarios, pósters, e incluso en tarjetas telefónicas japonesas.

Hermann Hesse en la época en la que se convirtió en un verdadero «lobo estepario».

Renacer de las cenizas

Felicidad es amor, nada más.
Quien puede amar, es feliz.

En el verano de 1923, después de divorciarse de Mia y recuperar la nacionalidad suiza, el escritor empezó a padecer fuertes dolores reumáticos. Ello le llevó a seguir unas curas en el balneario de Baden, cerca de Zurich. A partir de ese momento, Hesse acudiría cada año al Hotel Verenahof, donde redactó gran parte de sus obras posteriores.

Un año más tarde se casaba con Ruth Wenger, hija de una escritora amiga de Hesse. Pese a que ambos se habían relacionado a menudo en los dos años que precedieron a la boda, este matrimonio acabó siendo un nuevo fiasco. Su joven esposa –más atraída por el espíritu artístico de Hermann que por su persona– pronto se revelaría un ser inmaduro y caprichoso.

Los Hesse se instalaron de manera provisional en un hotel de Basilea. Las tensiones y desacuerdos no se hicieron esperar: once semanas más tarde el ensayo matrimonial terminaba en separación. Hundido por este nuevo fracaso, el escritor tuvo que ingresar en una clínica de Basilea en un estado lamentable, mientras Ruth volvía a casa de sus padres. Sin embargo, la agonía de la relación sería más larga de lo previsto: hubo varias tentativas de volver a la vida en común. En un esfuerzo imaginativo para salvar la relación, en 1925 la pareja resolvió empezar una nueva fase viviendo en domicilios separados: Ruth en el mismo hotel y Hermann en distintas pensiones. Acordaron visitar juntos a sus amigos y familiares, e incluso hacer algún viaje de vez en cuando. Este malabarismo matrimonial terminaría con la enfermedad de Ruth, a la que se diagnosticó tuberculosis. A partir de entonces, la distancia entre ambos –Hesse se había refugiado nuevamente en Montagnola– se agrandaría cada vez más hasta su divorcio definitivo en 1927.

Una nueva desgracia cayó sobre las espaldas del escritor: Mia, su primera mujer, volvía a ingresar en el sanatorio, con lo que Hesse tendría que ocuparse nuevamente de sus hijos. A ello se sumaba una relativa sequía creativa, ya que desde Siddhartha, el escritor sólo había alumbrado dos obras menores: *Kurgast* (*El bañista*) y *Die Nürnberger Reise* (*El viaje a Nurenberg*).

El despertar del lobo estepario

Esta época de crisis y desasosiego culminó en un nuevo proyecto literario: *Der Steppenwolf* (*El lobo estepario*). Inmerso en la catástrofe, Hesse –representado en la novela por el enigmático Harry Haller– volvía a las correrías nocturnas de sus años estudiantiles, entregándose en Zurich al sexo ocasional, el alcohol y las juergas nocturnas.

A punto de cumplir los cincuenta años, el escritor parecía querer recuperar la furia y la dispersión de su juventud para empezar nuevamente de cero. Como Harry Haller, el escritor se había convertido en un lobo solitario cuya única presa era él mismo. Las notas que tomaba en sus noches en vela –apuntes o esbozos de poemas– constituían el material con el que Hesse iba a dar forma a su nueva e inaudita novela, lejos de la ordenada prosa del pasado.

Pese a que su editor –pensando en los fieles seguidores de Hesse– le desaconsejó su publicación, el empeño del autor hizo que los textos vieran la luz en la revista *Neue Rundschau*. El público reaccionó tal como había pronosticado Fischer: la atmósfera de disipación y descontrol de estos fragmentos chocaba con la imagen del escritor que se habían forjado sus lectores. Sin embargo, Hesse siguió trabajando a partir de este material para componer la novela *El lobo estepario*, cuya versión definitiva aparecería en 1927.

Una vez destruidas las torres del pasado, era posible construir algo verdaderamente nuevo. El escritor divisaba, por fin, la luz al final del túnel: una luz brillante en forma de mujer.

Ninon

Fruto de una casualidad, el escritor se reunió en Zurich con una antigua admiradora, Ninon Dolbin, con la cual se había carteado en 1909, cuando ella contaba sólo con catorce años. Ninon acababa de cumplir los treinta y llevaba más de doce casada con el pintor y caricaturista B.F. Dolbin. Desde el primer encuentro, se desató la atracción entre Hermann y la his-

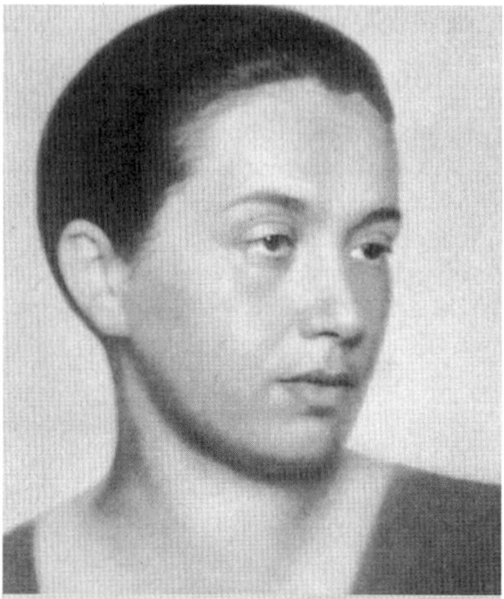

Fotografía de Ninon Dolbin tomada en 1927.

toriadora de arte de origen judío, la cual se incrementó al separarse ésta de su marido.

La relación se consolidó en 1927: ambos estaban preparados para establecer una relación de igualdad. Ninon era atractiva e inteligente; tenía su propia profesión y, al igual que Hesse, un pasado insatisfactorio que superar. Poseía un carácter fuerte pero respetaba y comprendía los intereses de Hermann, al que veía como una persona y no como a una celebridad. Se instaló en Montagnola con el escritor, al que daría todo su apoyo hasta el fin de sus días.

En junio de este mismo año se publicaron conjuntamente *El lobo estepario* y la biografía elaborada por su fiel amigo Hugo Ball, que se hallaba gravemente enfermo. La satisfacción de Hesse, no obstante, se vio empañada por la súbita muerte de Ball en septiembre. La viuda y su hija se alojaron durante unos días en Montagnola. En otoño, profundamente afectado, Hermann se trasladó a Baden, donde Ninon lo visitaría con frecuencia.

Gracias al equilibrio que hallaba en su compañera, el escritor encontró fuerzas para abordar una nueva novela, *Narziss und Goldmund* (*Narciso y Goldmundo*), cuyo subtítulo era *Crónica de una amistad*, probablemente en referencia a su amado amigo, desaparecido y vuelto a la vida en la figura del monje Narciso.

El hogar de Montagnola

En 1931, un año después de la aparición de *Narciso y Goldmundo*, Hesse y Ninon cumplieron su proyecto de construir su propia casa en Montagnola. Ello fue posible gracias a la generosidad de su amigo y mecenas Hans C. Bodmer, que pertenecía a la adinerada burguesía suiza y se había propuesto construirles la vivienda como regalo de bodas. Después de muchas dudas, Hesse finalmente aceptó la casa –aunque sólo en calidad de usufructo– en la que transcurriría el resto de su vida junto a Ninon.

En 1932, plenamente sumergido en una obra que tardaría doce años en concluir, *Das Glasperlenspiel* (*El juego de los abalorios*), Hesse abandonó su apartamento de Zurich para instalarse en su nueva residencia, cuya construcción había sido supervisada al detalle por su futura esposa. La inauguración de la casa tuvo lugar en verano y la boda de Hermann y Ninon, en otoño de este mismo año.

Montagnola, sin embargo, no estaba suficientemente lejos para ignorar la catástrofe que se preparaba en la vecina Alemania.

III Reich

La crisis económica, social y política que sufría la República de Weimar auguraba el fin del frágil sistema democrático que había gobernado Alemania hasta el momento. En 1933, el partido nacionalsocialista encabezado por Adolf Hitler se hacía legítimamente con el poder, respaldado por los partidos de centro-derecha. El terror estaba a punto de apoderarse de Alemania y del mundo.

Malos augurios

Diez años antes de la instauración del régimen nacionalsocialista, Thomas Mann había advertido en *La montaña mágica* (1923) del peligro que se cernía sobre Europa. Otras obras posteriores que pronosticaron la llegada de un régimen autoritario fueron *Berlin Alexanderplatz* (1929) de Alfred Döblin y *El hombre sin atributos* (1931) del austríaco Robert Musil.

La subida al poder de Hitler supuso el fin de las libertades democráticas. Se introdujo la censura y el control sobre el mundo cultural, y muchos intelectuales se vieron obligados a exiliarse, entre ellos los hermanos Mann, Alfred Döblin, Max Brod, Walter Benjamin y Bertolt Brecht. Este último –al igual que muchos otros exiliados– visitó al escritor en Montagnola, causándole una excelente impresión. Hesse definiría posteriormente a Brecht como «el único poeta auténtico entre todos los autores alemanes comunistas».

Tal como había pasado en la Primera Guerra Mundial, la casa de Hesse se convirtió en un centro de peregrinación para el alud de intelectuales que huían de la cada vez más contundente represión nazi.

La silenciosa lucha contra el nazismo

Su negativa a implicarse en la realidad política alemana y condenar abiertamente el nazismo traería muchos problemas a

Hesse, tal como le había sucedido durante la Primera Guerra Mundial. Su aparente neutralidad hizo que sus obras no fueran censuradas, al menos en un principio, por el régimen nazi, lo cual le valió un sinfín críticas del ala más radical del exilio alemán, que exigían un posicionamiento claro a los grandes nombres de la literatura alemana, cuyas figuras indiscutibles eran Hermann Hesse y Thomas Mann.

En 1936, Thomas Mann condenó públicamente el régimen nacionalsocialista, quedando Hesse bajo sospecha a ojos la emigración alemana. Aparte de su cobardía política, le reprochaban que siguiera colaborando en periódicos y revistas alemanes. Esta situación sumió a Hesse en una profunda depresión, pero aún así se resistía a abandonar su postura independiente, alejada de cualquier corriente de opinión:

> Antes ser apaleado por un fascista que convertirme en fascista. Antes ser apaleado por un comunista que convertirme en comunista.

La angustia del editor

Además de su independencia y de su aversión a los movimientos de masas, el silencio de Hesse hacia lo que ocurría en Alemania tuvo mucho que ver con la delicada situación de la editorial Fischer en el nuevo régimen. El editor Gottfried Bermann había tomado el mando del prestigioso sello editorial, e intentaba seguir publicando en un entorno cada vez más hostil. Cualquier declaración de Hesse contra el gobierno nazi hubiera supuesto la prohibición de sus obras, e incluso el cierre de la editorial.

Nummer 15 14. April 1938

47. Jahrgang Preis 20 Pfg. (30 öst. Gr.)

Copyright 1938 by Deutscher Verlag, Berlin

Berliner Illustrirte Zeitung

Aufnahme: Heinrich Hoffmann

Von Königsberg bis Klagenfurt, von Köln bis Wien rief der Führer das deutsche Volk, und die Nation erhob sich und bekannte jubelnd vor der Welt: Großdeutschland für ewig!

Portada del periódico alemán Berliner Illustrirte Zeitung *en su edición del 14 de abril de 1938.*

Su combate consistiría a partir de entonces en ayudar personalmente a los exiliados alemanes que acudían a él en busca de ayuda. Uno de los muchos intelectuales por los que intercedió fue Robert Musil. En 1938, Hesse intervino a favor del escritor austríaco ante la sección de extranjeros de la policía suiza, de manera que el autor de *El hombre sin atributos* pudiera establecerse en Ginebra. Musil fallecería en esta ciudad cuatro años después.

Seis años infernales

Con el estallido de la Segunda Guerra Mundial, el escritor recibiría en Montagnola un nuevo aluvión de fugitivos políticos. A éstos se sumó una nueva preocupación: los familiares de

Caza de brujas

En 1945, Hesse publicó sus reflexiones sobre el conflicto armado en su libro *Krieg und Frieden* (*Guerra y Paz*), lo cual suponía su entrada en el debate político de la postguerra. Su rotunda oposición a la «culpa colectiva» del pueblo alemán postulada por C.G. Jung y Karl Jaspers lo puso nuevamente en el punto de mira de sus detractores, que arremetieron con todas sus fuerzas contra Hesse. Entre éstos, destacó el espíritu inquisitorial del escritor austríaco Hans Halbe, dispuesto a cualquier cosa para que Hesse no volviera a ser publicado en Alemania. Para frenar al encegado Habe, Thomas Mann tuvo que interceder a favor de su amigo ante el mismísimo presidente Truman.

Ninon corrían grave peligro por la extensión de la guerra a los Balcanes y, especialmente, por su condición de judíos.

La censura nazi prohibió *Bajo las ruedas, El lobo estepario* y *Narciso y Goldmundo*. Hesse trataba de abstraerse del infierno de la guerra, enfrascado en la versión final de *El juego de los abalorios*. En 1943, el editor Peter Suhrkamp trató de obtener el permiso para su publicación en Alemania, pero le fue denegado inmediatamente. La obra vio la luz en Suiza bajo el sello Fretz & Wasmuth, que también se había embarcado en la publicación de las obras completas del autor.

En 1944, Peter Suhrkamp fue arrestado por la Gestapo y enviado a un campo de concentración. Con el osado editor alemán, Hesse perdía a su último bastión en Alemania a la vez que su principal fuente de ingresos.

El asedio

¿Inmortalidad? No doy un céntimo por ella.
Vamos a permanecer mortales, como debe ser.

La intervención de Thomas Mann, que había recibido el Nobel de Literatura en 1929, fue determinante para que la academia sueca concediera el premio a Hermann Hesse en 1946. El escritor, que no pudo asistir a la entrega del premio por problemas de salud, envió un mensaje de agradecimiento por lo que entendía que era «un gesto de reconciliación y de buena voluntad entre los pueblos», además del «reconocimiento de la lengua alemana y de su contribución a la cultura».

La recuperación de la figura de Hesse se tradujo en Alemania en la concesión del Premio Goethe, recogido por Ninon en la ciudad de Frankfurt. Este reconocimiento sería más importante si cabe para el autor, que volvía a encontrar su lugar en la nueva Alemania resurgida de sus escombros.

Perseguido

Tras la entrega del Nobel, el escritor sufrió, hasta el final de sus días, el acoso de miríadas de admiradores y periodistas que deseaban conocerle. Personas de toda condición recurrían a él en busca de consejo, alivio o respuesta a sus problemas existenciales. Tal como afirmaba, apesadumbrado, el propio Hesse:

> Recibo al año al menos mil cartas, todas de gente joven; la mayoría son menores de 25 años y todos ellos tienen consultas para mí... no soy médico ni sanador de almas... Desde hace 20 años, esas cartas dan sentido a mi existencia, a la vez que son mi fastidio y carga diaria.

Gurú involuntario de una Europa que se buscaba a sí misma después de la guerra, Hesse trataba de contestar adecuadamente las numerosas cartas que llegaban cada día a su puerta, aunque nunca se sintió confesor espiritual de nadie. Sus palabras eran sinceras en todo momento, sin miedo a lo que pudieran pensar de él sus interlocutores; bajo la voz a veces severa del autor, moraba siempre un corazón cálido deseoso de ayudar.

Ocuparse de la correspondencia se convirtió en su principal ocupación durante los últimos quince años de su vida. Pese a que los montones de escritos le robaban la mayor parte del día, nunca dejó de responder a una carta. Esto es más que meritorio, sobre todo si se tiene en cuenta que llegó a recibir más de 30.000 cartas, muchas de las cuales se conservan en la Biblioteca de Berna y en el Archivo Hesse de Marvach.

Los peregrinos de Montagnola

Su refugio en Montagnola recibió asimismo el acoso de multitud de curiosos y admiradores. Hesse contemplaba molesto los merodeadores que se acercaban cada día a su casa, algunos

A un aspirante a escritor

La abrumadora correspondencia que llenaba la mesa de Hesse había empezado a llegar ya años atrás. En 1930, a modo de ejemplo, respondió de esta manera la misiva de un joven de Solingen que deseaba iniciar una carrera literaria:

> *...No estoy en condiciones de asegurarle si será usted escritor. No hay escritores de diecisiete años, hoy menos que nunca. Si posee el don, lo tendrá por naturaleza y habrá estado en usted desde niño. Pero si de ese don surgirá algo, si tendrá usted algo que decir o significar, eso no depende sólo de su don, eso depende de si usted puede tomarse en serio a sí mismo y a la vida, si vive con sinceridad y es capaz de resistir la tentación de hacer meramente lo que le resulta fácil al talento.*
> *En resumen, depende de cuánta proeza, sacrificio y abnegación sea capaz. Es dudoso que el mundo le retribuya y le agradezca por todo esto. Si no está poseído por la idea, si no prefiere sucumbir enseguida antes que renunciar a la literatura, póngale fin.*
> *Su escepticismo no tiene nada que ver con las cuestiones que en estos momentos lo absorben. Es natural a su edad. Si dentro de algunos años no ha podido superarlo, puede convertirse en periodista, pues habrá pasado la oportunidad de ser escritor. Ser inteligente y hablar con sensatez nada tiene que ver con la literatura.*
> *Mis mejores deseos y un favor: no vuelva a escribirme hasta dentro de unos años.*

(*Cartas escogidas*, Editorial Sudamericana 1999)

de los cuales tenían, en palabras del propio autor, «aire de soplones».

En la primavera de 1947 lo visitó André Gide en compañía de su hija y su yerno, surgiendo entre ambos escritores una gran amistad. En 1948, Hesse pudo por fin reencontrarse con su gran amigo Thomas Mann, que estaba a punto de dejar su residencia californiana para establecerse en Suiza.

Hesse pronto se vería obligado a tomar una difícil decisión: una vez restablecido el orden en Alemania, el escritor debía escoger entre su antiguo editor, Bermann-Fischer, o publicar con el fiel Peter Suhrkamp –torturado y deportado por los

«Bitte keine Besuche»

Debido al gran número de visitas que se acercaban a la casa de Montagnola, el autor se vio obligado a colgar un cartel en la puerta del jardín en el que ponía «Bitte keine Besuche» (Por favor, visitas no). Pese a esto, siempre había gente que se «colaba» en el jardín, hecho que irritaba sobremanera a Hesse. Éste se quejaba que desde que había puesto el cartel, «los que deberían entrar no entran, con lo que me pierdo muchas visitas de grandes amigos, mientras que aquellos a los que está destinado el cartel no hacen caso y me veo obligado a salir al jardín a echarlos».

Esta sospecha se vio súbitamente confirmada un día que encontró escrito debajo del letrero:

Bueno, otra vez será. Saludos,

Thomas Mann

nazis– que acababa de crear su propia editorial. Un sentimiento de justicia hizo que se decidiera por este último, que moriría ocho años más tarde a causa de enfermedades derivadas de su estancia en los campos de concentración.

Ese mismo año recibió el título de Doctor Honoris Causa de la Universidad de Berna. Dos años después moriría Adele, su hermana predilecta, y cuatro años más tarde su hermana Marulla. Una persistente melancolía se había apoderado del escritor, aquejado de múltiples dolores y con problemas de vista.

Certeza del fin

A partir de 1953, el escritor fue víctima de una artritis creciente que lo iba inmovilizando progresivamente. Ya no podía trabajar en el jardín, y sus problemas oculares le impedían leer y escribir por sí mismo; ahora necesitaba ayuda para responder a la abultada correspondencia que seguía llegando. Hesse describía de esta manera la lenta decadencia de su cuerpo:

> Es como si cada día muriera una parte de mi cuerpo; hoy se muere una pierna, mañana una mano...

En 1954 vio la luz el relato *Piktors Verwandlungen* (Las metamorfosis de Piktor) y una recopilación de fragmentos en prosa titulada *Beschwörungen* (*Conjuraciones*). La que sería su última obra en prosa fue distinguida con el Premio de la Paz de los libreros de Frankfurt.

A causa de la leucemia que le había sido diagnosticada, el escritor no podría volver a desplazarse a Sils Maria, su lugar favorito para pasar los calurosos meses de verano. A partir de este momento, sólo escribiría ocasionalmente algunos poemas, publicados en 1961 bajo el título *Stufen* (escalones). En diciembre de ese mismo año, una gripe agravó la enfermedad de manera irreversible. Sin embargo, Hesse se sentía tranquilo:

> No temo a la muerte. Experimento, por supuesto, la tristeza de la caducidad, la puedo sentir en cada flor que se marchita. Pero es una tristeza sin desesperación.

La rama quebrada

El 2 de julio de 1962, el escritor celebraría su ochenta y cinco aniversario en compañía de sus amigos. Ni siquiera aquel día faltó a la cita con sus admiradores: se había levantado a las 08:30 para responder las 900 felicitaciones de cumpleaños que había recibido. Le quedaban cinco semanas de vida.

La noche del 8 de agosto, Hesse escuchaba las sonatas para piano de Mozart mientras su mujer leía para él, tal como venía haciendo desde hacía mucho tiempo. A la mañana siguiente, Ninon empezó a desayunar sola; Hermann todavía no había bajado. Un mal presentimiento hizo que avisara a su médico personal; éste fue quien encontró el cuerpo sin vida de Hermann Hesse, abrazado a un volumen de las *Confesiones de San Agustín*. Al lado de la cama hallaron, finalmente terminado, un texto en el que llevaba trabajando hacía días, su último poema:

Crujido de una rama quebrada

Rama en astillas quebrada
colgando año tras año,
seca cruje su canción al viento,
sin hojas, sin corteza,
raída, amarillenta, para una larga vida,
para una larga muerte fatigada.
Duro suena y tenaz su canto,
suena obstinado, suena secretamente amedrentado.
Todavía un verano,
todavía un invierno más.

Epílogo

Hermann Hesse yace, por expresa voluntad suya, cerca de su amigo Hugo Ball en el cementerio de San Abbondio. Su austera tumba se compone de un bloque de granito desnudo y un bebedero para los pájaros.

SEGUNDA PARTE

El seminario de Maulbronn, institución en la que el joven Hesse residió seis meses.

Bajo las ruedas

[Unterm Rad]

Sinopsis

Después de una agotadora preparación para su ingreso, Hans Giebenrath debe abandonar su pueblo natal –y su infancia– para estudiar en el seminario de Maulbronn según el deseo de su padre. La anodina rutina de la institución irá minando la voluntad y la salud del joven, que avanza irremisiblemente hacia la catástrofe.

Intramuros

La primera novela importante de Hesse es, probablemente, la que tiene una mayor base biográfica. En febrero de 1890, Hermann –que contaba doce años– fue enviado por sus padres a Göppingen para preparar su *Landexamen*. Los aspirantes que lograban superar este examen, recibían una beca del estado para estudiar en el seminario, como fue el caso de Hesse. En otoño del año siguiente, el escritor ingresó en el seminario de Maulbronn –emplazamiento que conservó en la novela– para cursar estudios de teología. Sin embargo, al igual que ocurre con Hans Giebenrath, los muros del seminario serían demasiado estrechos para el joven Hermann.

Más de diez años después, Hesse redactó en Calw –en forma de novela escolar– este duro trance que le pondría «bajo las ruedas». La obra, por lo tanto, puede entenderse como un ajuste de cuentas con las instituciones educativas de su época. El mismo autor haría años más tarde esta reflexión sobre la génesis de esta novela:

> En la historia y el personaje del pequeño Hans Giebenrath, así como en la de su compañero y oponente Heilner, quería representar la crisis de mis años de formación y liberarme de su recuerdo. Para ello, tal vez un poco falto de reflexión y madurez, adopté el papel de acusador y crítico de aquellos poderes bajo los que sucumbe Hans Giebenrath y yo mismo en su momento: la escuela, la teología, la tradición y la autoridad.

Los otros internados

Otros autores de su tiempo escribieron novelas en las que denunciaban las condiciones de vida –con sus consiguientes secuelas psicológicas– en los internados. Entre éstas, cabe destacar *El profesor Unrat* de Heinrich Mann (hermano de Thomas Mann), y *Las desventuras del joven Törless*, del autor austríaco Robert Musil. Esta última novela, también de inspiración autobiográfica, narra por medio de crudos episodios sadomasoquistas y aventuras intelectuales el difícil paso de la adolescencia a la virilidad del protagonista, recluido en una institución educativa que recuerda a la que describe Hesse en *Bajo las ruedas*.

Unterm Rad apareció por entregas en 1904 dentro de la revista *Die Neue Rundschau* de la editorial Fischer. El texto levantaría cierto revuelo entre las autoridades educativas, hecho que obligó al autor a introducir algunas modificaciones. En 1906 se publicó la versión definitiva en forma de novela, que alcanzaría un considerable éxito.

El arte de novelar

Bajo las ruedas puede adscribirse a la llamada «novela escolar», tal como reconocería el propio autor años más tarde. Este género era fruto de la evolución de la *Bildungsroman* (novela de formación), muy popular en la literatura alemana de los siglos XVIII y XIX.

Los recursos narrativos de Dickens están muy presentes en esta obra de Hesse, al igual que lo estarían en el *América* de Kafka, novela escrita diez años más tarde. Muy en la línea del relato social e histórico del novelista británico, el párrafo que abre la novela de Hesse describe de esta manera al padre del protagonista[4]:

> Herr Joseph Giebenrath, comisionista y agente comercial, no se destacaba de sus conciudadanos por ningún mérito o singularidad. Tenía, como ellos, una figura maciza y sana, un mediano talento para el comercio, unido a una profunda y cordial venera-

[4] Tanto en este fragmento como en los siguientes de *Bajo las ruedas* se ha utilizado la traducción de Genoveva Dieterich para la edición de Alianza Editorial.

ción por el dinero, además de una pequeña casa con jardín, un panteón familiar en el cementerio, una religiosidad un poco racionalista y algo inconsistente, un razonable respeto de Dios y de la autoridad y una sumisión ciega a los férreos mandamientos del decoro burgués. Bebía alguna copa, pero nunca se emborrachaba. Hacía, de vez en cuando, negocios no del todo correctos, pero nunca los llevaba más allá de los límites convencionalmente permitidos. Insultaba a los más pobres, llamándoles muertos de hambre, y a los más ricos, tachándoles de ricachos. Era miembro del «Círculo» y tomaba parte en las partidas de bolos, que tenían lugar en el «Adler» todos los viernes y los días de hacer pan y de matanza. Durante el trabajo fumaba puros baratos, y después de comer los domingos una clase más selecta.

Ser diferente

Joseph Giebenrath nos es descrito como un pequeño burgués de aspiraciones mediocres, cuya «lectura se reducía al periódico». La ciudad de costumbres anticuadas en la que vive esta hecha a su medida, dado que, tal como señala el narrador: «Allí se podía vivir aún sin ser culto ni conocer los discursos de Zaratustra».

De este ambiente tan poco estimulante, surge como una flor de invierno el «delicado y solitario» Hans –huérfano de madre, otro ingrediente clásico–, para el cual la autoridad paterna y los profesores albergan importantes proyectos: su ingreso en el seminario de Maulbronn.

El sujeto privilegiado por la naturaleza, que destaca de la gente vulgar por su sensibilidad e inteligencia, es una constante en la obra de Hesse, aunque tal vez sea en *Demian* donde este tema adquiere su máxima expresión.

Hans Giebenrath es conducido hacia una formación humanística deshumanizada, donde el talento individual –como expresión del propio genio– es sustituido por el academicismo a ultranza y la disciplina. Sin embargo, este ingreso en la cultura por imposición cuenta, en un principio, con el consentimiento del protagonista, que «se había soñado y deseado en un círculo de seres superiores».

El último verano

Para acceder a este círculo selecto, Hans Giebenrath debe estudiar hasta la extenuación para el *Landexamen* que ha de tener lugar en Stuttgart. Ello ha supuesto renunciar a su paraíso infantil, integrado por su granja de conejos y, sobre todo, por la pesca, actividad que había procurado gran felicidad al muchacho antes de ser devorado por el estudio.

Hans consigue aprobar el examen y recupera su libertad, aunque por poco tiempo. Las soñadas vacaciones de verano se ven entorpecidas por numerosas clases de refuerzo, en especial las lecciones de griego bíblico que recibirá de la mano del párroco. El objetivo es sobresalir entre los demás estudiantes con los que compartirá techo:

> Sabía que en el seminario iba a tener que trabajar con más amor propio y más tenacidad, si quería dejara atrás también allí a sus compañeros. Y a eso estaba decidido. ¿Por qué? Ni él mismo lo sabía.

La «sala Hellas»

Hans Giebenrath es internado en el seminario. Allí vivirá en la «sala Hellas» junto con otros nueve compañeros. En la descripción de los integrantes del habitáculo, destaca la del extravagante Emil Lucius:

> A este pájaro tan callado se le fue viendo el plumero poco a poco, y se llegó a descubrir en él un avaro y un egoísta tan redomado que precisamente su perfección en esos vicios le granjeó una especie de respeto o, al menos, de tolerancia. Tenía un astuto sistema de ahorro y lucro, cuyas artimañas fueron saliendo a la luz, provocando el asombro. Empezaba por la mañana temprano al levantarse, entrando en el cuarto de baño siempre el último o el primero, para utilizar la toalla y a ser posible también el jabón de otro, y así reservar los suyos.

Sin embargo, el personaje que influirá de manera decisiva en el destino del protagonista será Hermann Heilner, el cual «parecía llevar su alma a flor de piel». Heilner responde a la figura del ser superior, más desarrollado física y espiritualmente que sus compañeros, por encima incluso de lo que correspondería a su edad. La amistad entre ambos es, por lo tanto, inevitable.

El alma libre

Hans Giebenrath intima con el romántico Heilner, que se convertirá en su camarada pero también en su perdición. El discurso independiente y provocador del muchacho cala hondo en la conciencia del inexperto Hans, para el cual la vida hasta el momento se había reducido al estudio y a la competición con sus compañeros.

> Hans tuvo que pensar toda la tarde en Heilner. ¿Qué clase de persona era? Lo que para Hans eran preocupaciones y deseos, no existían siquiera para aquél. Él tenía palabras y pensamientos propios, vivía con más calor y más libertad, sufría extrañas penas y parecía despreciar todo lo que le rodeaba ... Era melancólico y parecía gozar con su propia tristeza como si fuera una cosa extraordinaria.

Heilner responde al modelo del transgresor que se abandona a sus propios impulsos –como Hesse en su juventud– sin importarle las convenciones sociales. A medida que avanza su amistad, la fascinación que siente Hans por este personaje es cada vez mayor, hecho que repercutirá negativamente en su rendimiento escolar y que será motivo de advertencias por parte de sus profesores.

De hecho, la figura de Hermann Heilner parece pertenecer a otra época, a la de los apasionados poetas alemanes del romanticismo:

> A menudo al caer la tarde se acercaba desesperado a Hans, le quitaba de su trabajo y le pedía que le acompañara al dormitorio. Allí, en la sala helada o en la penumbra del oratorio, paseaban juntos de arriba abajo o se sentaban tiritando en uno de los marcos de las ventanas. Entonces Heilner profería toda clase de quejumbrosos lamentos, a la manera de los líricos adolescentes lectores de Heine, envuelto en nubarrones de una triste-

za un poco pueril que Hans no entendía del todo pero que le impresionaba y a veces hasta le contagiaba. El sensible esteta era víctima de sus ataques, sobre todo cuando había tiempo nublado; y sus quejas y suspiros alcanzaban su apogeo en las noches en las que las nubes otoñales oscurecían el cielo y la luna describía su órbita detrás de ellas, asomando entre sombríos velos y rendijas. Entonces se abandonaba a estados de ánimo ossiánicos y se deshacía en una tristeza nebulosa, que caía entre suspiros, versos y discursos sobre el inocente Hans.

Ironía y suspense

El arranque del cuarto capítulo está dotado de un fino y agrio sentido del humor –que no sería precisamente la virtud de Hesse en obras posteriores–, a la vez que pone al lector sobre aviso de las desgracias que van a acontecer en el seno del viejo seminario:

> Según enseña la experiencia, de cada promoción de seminaristas suelen desaparecer uno a más compañeros en el transcurso de los cuatro años de convento. A veces muere uno y es enterrado con cánticos, o conducido a su pueblo natal, acompañado por sus amigos. En algunas ocasiones, aunque raramente y sólo en los últimos cursos, sucede también que algún muchacho desesperado encuentra una rápida y sombría salida de sus angustias juveniles pegándose un tiro o saltando al agua.
> También la promoción de Hans Giebenrath iba a perder algunos camaradas, y por una extraña casualidad resultó que todos pertenecieron a la sala Hellas.

Aunque parece estar aportando una información muy vaga, el narrador –siempre omnisciente, a la manera de los relatos clásicos– en realidad está diciendo mucho: como mínimo cabe esperar la desaparición de tres de los chicos, entre los que el protagonista es uno de los principales candidatos.

El declive

El primero en sucumbir es Hindinger, un muchacho tímido de ascendencia modesta, quien muere ahogado al ceder el hielo en un paseo por los lagos. La muerte de éste conmociona a los seminaristas, que se ven enfrentados al lado más oscuro de la existencia.

Mientras tanto, Hans y Heilner han tenido tiempo de separarse y de reconciliarse. Ambos son vistos con malos ojos por las autoridades del seminario, que sólo aprueban a los seres dóciles que se adaptan a la rutina académica. Las palabras del narrador –en las que se reconoce claramente la voz airada de Hesse– son una verdadera diatriba contra el sistema educativo:

> Un maestro de escuela prefiere unos cuantos burros en su clase que a un solo chico genial. Y en el fondo tiene razón, porque su deber no es formar espíritus extravagantes, sino buenos latinistas, matemáticos y hombres de provecho.

El segundo en salir del seminario –esta vez vivo y coleando– es el propio Heilner, que es expulsado después de una escandalosa huida, claro reflejo del episodio que vivió el propio autor. Tras la marcha de su amigo, la salud de Hans –aquejado de constantes dolores de cabeza– empieza a decaer rápidamente ante la indiferencia de compañeros y profesores, que ignoran «el sufrimiento de un alma que se hunde y, ahogándose, lanza miradas angustiosas y desesperadas». Finalmente, es devuelto a su casa, donde llegará en un estado deplorable. Con ello termina la estancia de Hans en el seminario y los sueños de su padre.

La vida como inercia

En su aldea natal, el frágil muchacho no acaba de recuperarse y, lo que es peor, ha perdido cualquier esperanza en el futuro. Humillado, se limita a vagar por los parajes de una infancia a la que ya no puede regresar. Su ánimo inerte sólo despierta, temporalmente, ante el contacto con la sensualidad femenina. Ésta se presenta por medio del personaje de Emma, una joven que seducirá a Hans para luego desaparecer. La salvación por el amor tampoco es posible.

En vista de su fracaso escolar, el padre decide buscarle un oficio. Hans debe elegir entre dos alternativas: formarse como funcionario del ayuntamiento o entrar de aprendiz de mecánico. Escoge la segunda opción, la cual le introducirá en el mundo de los obreros y artesanos.

Su verdadero ingreso en el gremio, no obstante, se produce cuando el aprendiz de mecánico es invitado a una juerga para celebrar el primer sueldo de un compañero de oficio. Allí descubre los placeres que están reservados a los trabajadores manuales: las bravuconadas, los chistes y, sobre todo, litros y litros de cerveza. Hans disfruta de la jornada festiva y de la compañía, placeres desconocidos hasta entonces que también han de ser los últimos. Intoxicado por el alcohol, el joven abandona el grupo en un intento de regresar a su casa:

> En una pradera húmeda se tumbó bajo un manzano. Una multitud de sensaciones desagradables, miedos angustiosos y pensamientos a medio hacer le impedían dormirse. Se sentía manchado y envilecido. ¿Cómo iba a aparecer en casa? ¿Qué le diría su padre? ¿Qué sería de él mañana?

La triste andadura de Hans Giebenrath, que desde su regreso del seminario ha jugado con la idea del suicidio, termina de manera fortuita y absurda, tal como ha sido su vida:

> Nadie supo cómo cayó al agua. Quizá se perdió y se escurrió en un lugar pendiente de la orilla. Quizá quiso beber y perdió el equilibrio. Quizá le atrajo la belleza del agua y se inclinó hacia ella y, al ver cómo la noche y la palidez de la luna le miraban con tanta paz y calma desde las profundidades, el cansancio y el miedo le empujaron con fuerza imperiosa hacia las sombras de la muerte.

Interpretaciones[5]

Tal como apunta Michael Müller en su comentario de la novela[6], *Bajo las ruedas* no ha sido objeto de una atención crítica

---

[5] Una selección de las principales interpretaciones sobre esta obra puede hallarse en *Hesse: Unterm Rad (Materialien)* de Klett.

[6] Publicado en Reklam nº 8812.

comparable a las llamadas «obras mayores» del autor. En opinión de este crítico, Hesse se limita a describir de manera convencional los problemas educativos de su época.

Es evidente que el texto está desprovisto del simbolismo que caracteriza otras obras del escritor. Sin embargo, más allá de la crítica a las instituciones educativas, la crisis existencial del protagonista apunta asimismo a otros temas. En el sólido hilo argumental que hemos abordado con un amplio resumen –por las especiales características de este título–, el fin de la niñez desempeña un papel muy importante. *Bajo las ruedas* es, en esencia, la historia de una «renuncia» al mundo perfecto de la infancia, paraíso que el individuo deberá abandonar antes o después aunque desprecie el camino académico.

Edición de la novela **Bajo las ruedas** *publicada por Suhrkamp.*

Otro tema recurrente –desarrollado en otras obras del autor– es el aislamiento que sufre el ser espiritualmente superior, el genio, en un mundo concebido por y para individuos mediocres. El sistema educativo es, simplemente, uno de los instrumentos que utiliza la sociedad para asegurarse de que todo permanezca en su sitio:

Desde los tiempos remotos se viene consolidando un profundo abismo entre el gremio de profesores y el genio. Cualquier atisbo de éste que aparezca en un colegio les resulta a los profesores de antemano odioso. Para ellos los genios son esos chicos traviesos que les faltan al respeto, que empiezan a fumar a los catorce años, se enamoran con quince, van a las tabernas con dieciséis, leen libros prohibidos…

Al igual que en *Siddhartha*, ante el vacío existencial, el protagonista encuentra la salvación –en este caso, en forma de muerte– en su regreso al agua, elemento primigenio que encarna el retorno a uno mismo.

El autor hacia 1916, cuando trabajaba en el envío de libros a los prisioneros alemanes.

DEMIAN

Sinopsis

Emil Sinclair deja atrás la inocencia y los miedos de la infancia al conocer a Max Demian, un nuevo compañero de escuela que le transmite una visión diferente del mundo. Demian abre los ojos de Sinclair, que verá las contradicciones que habitan en la religión y la moral burguesas. En el camino del joven se cruzarán distintos personajes que le acercarán al conocimiento de sí mismo.

¿Quién es Emil Sinclair?

Ésta es la pregunta que se formularon los lectores de las 39 primeras ediciones de la novela, la cual apareció inicialmente con el nombre del protagonista como autor. El alumbramiento de *Demian*, sin embargo, estuvo desde un principio rodeado
de misterio. Hesse afirmaría posteriormente que el protagonista de la novela se le había aparecido en un sueño el 12 de septiembre de 1917.

Entre septiembre y octubre de este mismo año, el autor redactó en Berna la totalidad del texto. Sin esperar más, envió el original a su editor –Samuel Fischer– bajo el nombre de Emil Sinclair. El legajo iba acompañado de una recomendación escrita por Hesse, que presentaba la obra como el trabajo de un joven hospitalizado en Suiza al cual no le quedaba mucho tiempo de vida. El 19 de noviembre, Fischer se decidió a publicar la obra, que no vería la luz hasta 1919 –como avance editorial– en los números de febrero a abril de la revista *Die neue Rundschau*. En junio apareció finalmente en forma de libro con el título *Demian. Die Geschichte einer Jugend von Emil Sinclair* (*Demian. La historia de la juventud de Emil Sinclair*). La primera edición contó con 3.300 ejemplares.

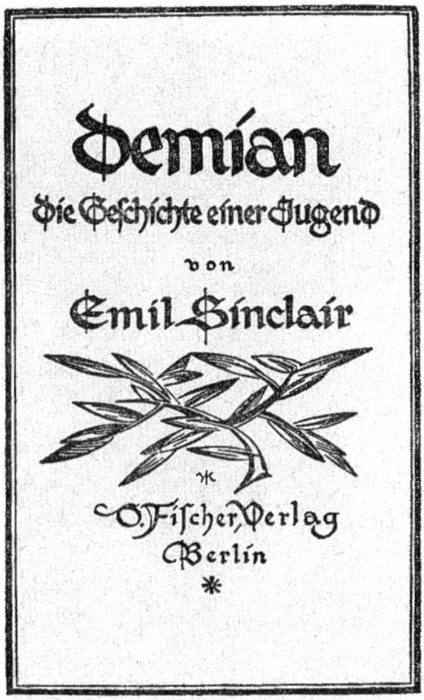

Edición original de la novela, antes de que se conociera la autoría de Hermann Hesse.

En octubre de este mismo año «Emil Sinclair» obtiene el premio Fontane para nuevos autores, dotado con 800 marcos.

Un año más tarde, en 1920, Hesse reconocía en la revista de Leipzig *Vivos Voco* su autoría de la novela. El misterio sobre el enigmático autor quedaba resuelto. El escritor devolvió el importe del premio y avisó a Fischer de que las sucesivas ediciones aparecieran con su nombre. En la cuarta edición de la novela constaba ya el nombre de Hermann Hesse.

Una declaración de principios

El lector de *Demian* encuentra en el umbral de la novela esta significativa frase, que sintetiza de manera ejemplar el conflicto al que se va enfrentar Emil Sinclair:

> Quería tan sólo intentar vivir aquello que brotaba espontáneamente de mí. ¿Por qué había de serme tan difícil?

La breve introducción que acompaña la obra presenta los grandes temas que se desarrollarán a lo largo del libro. El autor advierte de que la novela pretende, fundamentalmente, desarrollar la fantasía de los lectores y su capacidad de pensar e imaginar el mundo. Pero cada uno debe descubrir su esencia por sus propios medios:

> La vida de cada hombre es un camino hacia sí mismo, el intento de un camino, el esbozo de un sendero. Ningún hombre ha llegado a ser él mismo por completo; sin embargo, cada cual aspira a llegar, los unos a ciegas, los otros con más luz, cada cual como puede.

Los dos mundos de Sinclair

Emil Sinclair vive entre dos mundos claramente diferenciados: el mundo de la luz, integrado por su familia, la religión, el orden, la escuela... y el mundo oscuro, poblado por «criadas y aprendices, historias de aparecidos y rumores de escándalo». Ambos mundos a menudo se encuentran y entrelazan, incluso en la vida hogareña en la que hasta el momento ha estado confinado Emil:

> Llegó a haber temporadas enteras en las que prefería vivir en el mundo prohibido, y el retorno a la claridad –por necesario y conveniente que fuese– me parecía casi un retorno a algo menos bello, más aburrido y vacío. A veces me daba cuenta de que mi fin en la vida era llegar a ser como mi padre y mi madre, tan claro y puro, tan reflexivo y ordenado. Pero el camino que conducía a aquel fin era muy largo; hasta llegar a él había que pasar por muchas aulas, había que estudiar y sufrir muchas pruebas y muchos exámenes, y el camino lo bordeaba siempre aquel otro mundo más oscuro y se adentraba a veces en él, no siendo nada imposible permanecer y hundirse en su ámbito sombrío.[7]

En uno de estos traspiés en el lado de sombra de la realidad, Sinclair –que cuenta diez años– se encuentra preso de Kromer, un niño más fuerte que él, el cual «afectaba modales de hombre e imitaba los andares y el lenguaje de los aprendices de las fábricas». Para tratar de impresionarle, Sinclair cuenta al pequeño pillastre que ha robado manzanas en un huerto cercano. La mentira sirve a Kromer para extorsionarle bajo amenaza de delatarle delante del propietario del huerto y de su padre. Como no puede pagarle, Emil es víctima de abusos y amenazas que le amargan la existencia.

---

[7] Traducción de Luis López Ballesteros y de Torres para Editores Mexicanos Unidos.

La marca de Caín

La salvación le llega al protagonista a través de un nuevo compañero de escuela, Max Demian, el cual interviene –sin revelar los medios– en defensa del atemorizado Emil.

Demian es diferente al resto de los niños. Parece más adulto que los demás, y es respetado por los profesores gracias a la seguridad con la que expresa sus opiniones. Sinclair accede a través de él a un mundo inquietante –lejos del universo luminoso de la moral y la familia– en el que todo adquiere un nuevo significado. Esto queda ejemplificado en la interpretación que hace Demian del personaje bíblico de Caín:

Alma de niño

Hermann Hesse es un maestro a la hora de describir los estados emocionales de los adolescentes –con sus miedos y preocupaciones–, tal vez porque nunca abandonó del todo su juventud. Por esta razón, sus obras son especialmente apreciadas por los jóvenes, que se identifican con los personajes rebeldes que surcan sus relatos. Sobre el cambio de perspectiva que sobreviene con la edad –salvo raras excepciones como Hesse–, el autor alemán de novelas infantiles Erich Kästner, comentaba:

> *La mayoría de las personas abandonan su infancia como a un viejo sombrero. La olvidan como a un número de teléfono que ya no sirve. Antes eran niños, luego se hicieron adultos, pero ¿qué son ahora? Sólo aquel que se convierte en adulto pero sigue permaneciendo niño, es un ser humano.*

Aquel hombre era poderoso e infundía temor. Tenía una «señal»... Se dijo que los hombres marcados con aquella señal eran sospechosos e inquietantes, y así sucedía, en efecto. Los hombres valerosos y de carácter han inquietado siempre a las demás gentes. Resultaba, pues, harto incómodo que existiese una raza de hombres sin miedo e inquietantes, y se le colgó un sobrenombre y una fábula para vengarse de ella y para justificarse un poco del miedo sufrido... ¿Comprendes?

El linaje de los elegidos

Pese a haber criticado la moral de señores en su primera lectura del Zaratustra, la filosofía de Nietzsche es muy perceptible en las novelas de Hesse, especialmente en *Demian*. Se habla de una «raza» de seres superiores que se alzan entre la muchedumbre con autoridad. El mismo Max Demian es un ejemplo de la élite de los elegidos.

Esta épica ha provocado que, en ocasiones, se haya relacionado a Hesse con el ideario fascista, si bien sus planteamientos –puramente literarios– nada tenían que ver con la política.

Parábola de los dos ladrones

En el capítulo tercero vuelven a asomar los referentes bíblicos con el mismo ánimo transgresor. Sinclair se halla en plena pubertad; después de años sin contacto con Demian, ambos jóvenes se encuentran de nuevo; será en las clases de preparación religiosa para recibir la Confirmación. En esta nueva etapa, Max Demian se revela, más que nunca, como un gurú

Nietzsche, azote del cristianismo

En la relectura del episodio de Caín y de los dos ladrones puede reconocerse el sello del pensamiento nietzscheano. Aunque ya en el *Zaratustra* el filósofo alemán proclamaba la muerte de Dios, es en su última obra, *El Anticristo*, cuando Nietzsche arremete sin contemplaciones contra los valores cristianos:

> *Yo condeno al cristianismo, yo levanto contra la Iglesia cristiana la mayor de las acusaciones que jamás acusador alguno ha tenido en su boca. [...]*
>
> *Nada ha dejado de tocar con su corrupción, de todo valor ha hecho un no-valor, de toda verdad, una mentira, de toda honestidad, una bajeza del alma.*

juvenil que arremete contra todo y plantea una revisión radical de la realidad.

Su teoría del «poder mental», por ejemplo, recuerda en buena medida a los postulados de psíquicos y mentalistas de las últimas hornadas:

> Cuando un animal o un hombre orienta toda su atención y toda su voluntad hacia una cosa determinada, acaba por conseguirla... Si observamos a un hombre con atención suficiente, acabaremos por saber de él mucho más que él mismo.

Pero el plato fuerte de su discurso es nuevamente un episodio de la Biblia; en particular, la historia de los dos ladrones en la crucifixión de Cristo:

> El espectáculo de las tres cruces alzándose juntas sobre la colina es imborrablemente sublime. Pero luego viene esa anécdota sentimental del buen ladrón. Ha sido toda su vida un criminal, ha cometido Dios sabe cuantas infamias y ahora se derrite y llora arrepentido y contrito. ¿Quieres decirme qué sentido tiene este arrepentimiento a dos pasos del sepulcro? No es más que una anécdota devota, dulzona y falsa, untuosamente aderezada y con un fondo muy edificante. Si hoy tuvieras que elegir por amigo a uno de los dos ladrones o meditar en cuál de ellos podías depositar mejor tu confianza, no elegirías seguramente a ese converso plañidero. Escogerías, desde luego, al otro que es un tipo con carácter.

La eclosión

Después de una breve etapa en la que Emil Sinclair trata de recuperar la inocencia perdida, el aprendizaje del joven llega a su punto culminante, un punto a partir del cual no hay vuelta atrás.

Sinclair sueña con Demian, el cual sostiene en sus manos un escudo heráldico en el que hay un pájaro representado. Durante el sueño, el pájaro cobra vida y empieza a devorarle las entrañas. En los días siguientes, Sinclair se dedica a pintar el pájaro tal como lo ha visto en el sueño:

> El pájaro, un ave de rapiña con cabeza de gavilán, aguda y valiente, aparecía con medio cuerpo dentro de una oscura esfera terrestre, surgiendo de ella como de un huevo gigantesco sobre un fondo azul celeste.

Una vez concluido el dibujo, Sinclair –que ha perdido nuevamente la pista de Demian–, decide remitirle el dibujo a su antigua dirección. La respuesta llega de manera misteriosa, en forma de un papel doblado que Sinclair encontrará dentro de un libro escolar. Ésta toma la forma de una revelación:

> El pájaro rompe el cascarón. El huevo es el Mundo. El que quiere nacer tiene que romper un mundo. El pájaro vuela hacia Dios. El Dios se llama Abraxas.

El huevo de Goethe

Es curiosa la similitud que existe entre estas líneas del libro y lo que escribió Goethe años después de su viaje a Italia. El literato de Weimar consideraba que las impresiones de este viaje habían constituido para él una especie de revelación espiritual:

> *Creía diariamente arrojar una nueva cáscara y experimentar una transformación hasta la médula de los huesos.*

En sus cartas afirmaba que «había vuelto a nacer», en un proceso que lo «transformaba desde dentro hacia afuera».

Abraxas

La siguiente revelación le llega a Sinclair a través de su profesor, como un mensaje subliminal en medio de un bosque de palabras. Al escuchar el nombre «Abraxas», los ojos de Emil se abren a una nueva realidad. Abraxas es el dios que reúne lo divino y lo demoníaco, el mundo de luz y el mundo de sombra.

Sinclair desea alcanzar una mayor comprensión de lo que acaba de rozar con el conocimiento. La búsqueda le llevará hasta el organista Pistorius, siguiente escalón en su camino hacia la verdad. El organista no cree que el encuentro del joven con el dios dual Abraxas sea fruto de la casualidad:

> No hay tales casualidades. Cuando alguien, que de verdad necesita algo, lo encuentra, no es la casualidad quien se lo procura, sino él mismo. Su propio deseo y su propia necesidad le conducen a ello.

Pistorius es un reflejo del psicoanalista –discípulo de C.G. Jung– que visitó Hesse durante el período en el que concibió la novela. De hecho, el organista sabe cómo interpretar los sueños y transmite a Sinclair unas enseñanzas que recuerdan vivamente a las teorías de Jung, en especial a las referentes a los arquetipos:

> Cada uno de nosotros contiene el ser total del mundo, y del mismo modo que nuestro cuerpo integra toda la trayectoria de la evolución, hasta el pez e incluso más atrás aún, llevamos también en el alma todo lo que desde un principio ha vivido en las almas de los hombres. Todos los dioses y todos los demonios habidos, sea entre los griegos, los chinos o los cafres, todos están con nosotros, están presentes, como posibilidades, deseos o caminos. Si toda la Humanidad muriese con la sola excepción de un niño medianamente dotado, este niño superviviente volvería a hallar el curso de las cosas y podría crearlo otra vez todo, dioses, demonios y paraísos, mandamientos e interdicciones, antiguos y nuevos Testamentos.

Los arquetipos de Jung

El psiquiatra suizo desarrolló a lo largo de su vida una elaborada teoría sobre los arquetipos, un concepto rescatado de la filosofía de Platón. Según Carl Gustav Jung, los símbolos que utilizan todos los individuos y culturas guardan una similitud extraordinaria, lo cual es tanto más revelador si se tiene en cuenta que muchas tradiciones no llegaron a tener contacto entre sí. Ello se debe a que no sólo heredamos unas características físicas y mentales, sino también un inconsciente colectivo, el cual se manifiesta a través de arquetipos. Éstos son imágenes e ideas primitivas que se encuentran en todas las expresiones culturales humanas, como la figura del mago, la bruja o el animal sabio.

Últimos encuentros

Después de dejar atrás a Pistorius, el cual –al igual que el psicoanalista de Hesse– ya había cumplido su función, Sinclair coincide con Demian una vez más. El nexo será esta vez la casa donde Max Demian vive con su madre, Frau Eva, mujer por la que Sinclair se siente profundamente atraído. Esta casa se convertirá en el santuario del protagonista, que participa de conversaciones sobre lo que se avecina en Europa. Demian advierte a su amigo:

Sinclair, vamos a vivir aquello sobre lo que tantas veces hemos hablado. El Mundo quiere renovarse. Hay olor a muerte. Nada nuevo surge sin la muerte.

Lo que anuncia Demian no es otra cosa que la Primera Guerra Mundial. La cuenta atrás del conflicto bélico se vive como una fiesta:

> Era la guerra. La gente la recibirá con alegría. Ya hay muchos que esperan impacientes la explosión. ¡Tan insípida se les ha hecho la vida!

Ambos jóvenes, ya mayores de edad, se tendrán que incorporar a filas. Demian es destinado al frente con categoría de oficial:

> Claro está que, en el fondo, no ha de serme agradable mandar hacer fuego sobre otros hombres. Pero es secundario. Más tarde o más temprano, todos hemos de entrar en la gran rueda.

Sinclair es enviado al frente unos meses más tarde que su amigo. Allí se sorprende de cuántos hombres son «capaces de morir por un ideal» aunque no hubieran sido capaces de vivir por él. En el campo de batalla, el joven ve en los soldados la materia prima con la que puede conformarse «una nueva Humanidad». La guerra es como una gran ave rompiendo su cascarón, «el cascarón era el Mundo, y el Mundo había de caer hecho pedazos».

A causa de un bombardeo, Sinclair resulta herido y es llevado a un hospital de campaña. Allí es donde se producirá la última gran casualidad. En la cama contigua a la suya encontrará, en el umbral de la muerte, a su amigo Demian. Éste todavía tendrá tiempo de despedirse de él:

> —Sinclair, pequeño, óyeme bien. He de partir. Quizás alguna vez vuelvas a necesitarme contra Kromer o contra otro cualquiera. Cuando entonces me llames, no vendré ya tan toscamente a caballo o en tren. Tendrás que escuchar en ti mismo, y entonces advertirás que yo estoy dentro de ti. ¿Comprendes?

Interpretaciones

Demian, junto con *Siddhartha,* el *Lobo estepario,* y *Narciso y Goldmundo,* suele adscribirse a la etapa creativa de Hesse en la que intentaba superar el nihilismo, una corriente filosófica basada en la negación de toda creencia y el escepticismo radical ante la existencia.

En cuanto a su género, *Demian* puede encuadrarse dentro de la *Bildungsroman* (novela de formación). Este modelo literario típicamente alemán suele narrar la trayectoria de un joven desde sus años de formación hasta la madurez.

La novela que consagró a Hermann Hesse entre el gran público está colmada de imágenes simbólicas y alegóricas. El ideario de Nietzsche y la teoría psicoanalítica son los dos pilares sobre los que descansa esta reflexión filosófica sobre el mundo y los valores que lo rigen.

El filósofo alemán está presente en el discurso de Max Demian contra la ética cristiana y burguesa. T. Ziokolowski comenta en su ensayo sobre las obras de Hesse[8] que este personaje encarna la moral de los señores, ya que «está destinado a ser un *superhombre* a través de una conducta que va más allá del bien y el mal, y que consiste en la afirmación de lo vital por excelencia: la fuerza, la voluntad de poder».

La influencia del psicoanálisis es, asimismo, muy perceptible a lo largo de todo el libro. Hay que tener en cuenta que éste fue concebido en una época especialmente depresiva del autor, el cual se sometería a más sesenta sesiones de psicoanálisis

8 *Las novelas de Hermann Hesse,* Labor 1976.

con un discípulo de C.G. Jung y posteriormente con el mismo Jung. Ya en la introducción se advierte al lector de que la narración es un viaje a los abismos del inconsciente:

> Mi historia no es agradable, no es dulce y armoniosa como las historias inventadas. Tiene un sabor a disparate y a confusión, a locura y a sueño, como la vida de todos los hombres que ya no quieren seguir engañándose a sí mismos.

Emil Sinclair trata de descubrir su mundo inconsciente. Cuando consigue «romper el huevo» alcanza una nueva visión de su propia esencia. Para ello contará con la ayuda de Max Demian, Pistorius y Frau Eva.

Sin embargo, esta obra también tiene una lectura más directa y evidente. Como comenta Martin Pfeifer en su estudio sobre el autor[9], *Demian* trata –como novela de formación– del esfuerzo de los jóvenes por afirmar su personalidad, de la lucha por la identidad. Inmerso en este proceso, el adolescente a menudo se encontrará enfrentado a los valores establecidos. En un plano histórico y sociológico, es también un documento de la juventud intelectual que en 1914 se vio impulsada a marchar al frente, a la vez que una brújula para orientar a los que regresaban del campo de combate. En su época, llegó a considerarse *Demian* como la «Biblia de los jóvenes».

---

9 *Erläuterung zu Hermann Hesse*, C. Bange 1994.

Siddhartha

Sinopsis

Siddhartha, hijo de un brahmán, abandona la casa de su padre en busca de la verdad y la liberación. Su amigo Govinda le acompañará en un trecho del camino, donde ambos aprenderán de los ascetas y escucharán la palabra del mismo Buda. Pero ninguna doctrina satisface a Siddhartha, cuya sed de saber conduce al mundo de los sentidos y, finalmente, al río por el que discurre la vida.

Un parto difícil

Siddhartha tiene su precedente en un relato escrito por el mismo autor doce años antes, *Legende vom indischen König* (*La leyenda del rey indio*). A finales de 1919, Hesse –que contaba 42 años– se decidió a acometer su «novela india», un proyecto largamente meditado en el que el escritor pretendía plasmar el mundo mágico y misterioso de su infancia.

En febrero de 1920 comenzó la redacción de lo que sería la primera parte de la novela. La segunda parte quedó interrumpida, ya que en agosto de este mismo año el escritor se bloqueó en el capítulo *A orillas del río*. Para superar esta situación, Hesse tuvo que sumergirse en el estudio y la meditación, además de recurrir numerosas veces al célebre psicoanalista C.G. Jung.

En marzo de 1922, el escritor logró salir del atolladero y poner fin al libro. Dos meses más tarde enviaba a Fischer la versión íntegra de *Siddhartha*, que sería publicado en octubre.

La India de Hermann Hesse

Para la elaboración de la novela, Hesse contó como materia prima con las historias que contaban su abuelo o su madre, además de los relatos de otros misioneros que venían ocasionalmente de visita. No hay que olvidar que el abuelo Gundert era un reputado especialista en lenguas indias y que, además de la confección

Los viajes del conde

Hesse no fue, ni mucho menos, el único intelectual de su generación que sintió la llamada de Oriente. En 1919, el conde Hermann von Keyserling despertó el interés de miles de lectores –siendo traducido a diversos idiomas– con su *Diario de viaje de un filósofo*, en el que relataba la vuelta al mundo que realizó justamente entre 1911 y 1912, y explicaba a grandes rasgos el pensamiento místico oriental.

de un diccionario, había vertido al malayalam –lengua del estado de Kerala– la traducción del Nuevo Testamento.

La fascinación por el subcontinente indio hizo que, en 1911, Hesse emprendiera un viaje de tres meses en compañía del pintor Hans Sturzenegger.

El viaje, no obstante, supuso hasta cierto punto una decepción para el autor, no porque la India fuera distinta a lo que había imaginado, sino porque allí se dio cuenta de su condición de occidental:

> Llegamos al sur y al Oriente llenos de anhelos, impulsados por una oscura y grata premonición de hogar, y hallamos aquí un paraíso, la abundancia y rica voluptuosidad de todos los dones naturales. Hallamos al pueblo puro, simple, infantil del paraíso. Pero nosotros mismos somos diferentes; somos extraños aquí y carentes de todo derecho de ciudadanía; perdimos nuestro paraíso hace largo tiempo; y el nuevo que deseamos construir no ha de hallarse siguiendo el Ecuador ni sobre los mares cálidos de Oriente. Yace dentro de nosotros y en nuestro propio futuro norteño.[10]

La moda del orientalismo

Siddhartha obtuvo de buen principio el favor de la crítica y los lectores. Más que ninguna otra obra, las aventuras del hijo del

---

[10] Fragmento de su libro de viajes *Aus Indien*. Traducción de Gerardo Espinosa Wellman para el volumen *Las novelas de Hermann Hesse* de I. Ziolkowski, Labor 1976.

brahmán acercaron al escritor a un público muy amplio. Perdidos en la Europa de entreguerras, muchos jóvenes tomaron a Hesse como «gurú» y pusieron los ojos en Oriente.

El impacto social de la novela fue asimismo muy importante en Estados Unidos, aunque su publicación llegaría a los lectores anglosajones con tres décadas de retraso.

La traducción al inglés de *Siddhartha* vivió numerosas reediciones en los años cincuenta, alcanzando un éxito inusitado. En los años sesenta, la obra tuvo gran acogida entre el movimiento hippie americano, que veía en la novela un ejemplo a seguir para alcanzar un nivel de conciencia superior a través del autodescubrimiento.

La insistencia de Henry Miller

Tras descubrir *Siddhartha*, en 1948 el escritor americano se empeñó en que se tradujera al inglés la novela de Hesse, ofreciéndose incluso a escribir una introducción para la misma. De hecho, puede decirse que el autor de *Trópico de Cáncer* fue quien dio a conocer a Hermann Hesse en tierras americanas. Fruto de su insistencia, el libro fue traducido y publicado por la editorial neoyorquina New Directions en 1951.

Henry Miller resumía así la profunda impresión que le había causado el texto:

> *Leí «Siddhartha» primero en alemán –después de haber estado como mínimo treinta años sin leer en esta lengua... Aunque «Siddhartha» se hubiera publicado sólo en turco, en finlandés o en húngaro, yo la habría leído y comprendido igualmente, por mucho que no tenga la más remota idea de estas lenguas.*

En 1972, Conrad Rooks hizo una adaptación cinematográfica de la novela que obtuvo en Venecia el León de Plata.

Representación del Buda de la sabiduría.

Siddhartha y Gautama

Hesse utiliza en la trayectoria del protagonista numerosos episodios de la vida de Buda, diferenciándolo al mismo tiempo de éste –pues ambos se conocerán en el tercer capítulo del libro. Para empezar, los dos tienen el mismo nombre, Siddhartha, que significa «el que ha alcanzado la meta».

La vida del Siddhartha de Hesse no deja de ser una reformulación de la biografía –real o legendaria– de Siddhartha Gautama, el Buda. Tal como apunta Ziolokowski en su estudio, existen deliberadamente un sinfín de coincidencias:

> A ambos se les atribuye el haber sido los primeros entre sus prójimos, cuando niños, en todas las competiciones. Buda dejó a su mujer y a su hijo recién nacido para convertirse en un asceta; Siddhartha abandona a su amada Kamala y a su hijo no nacido aún con igual finalidad. Ambos pasan un período entre los ascetas, aprendiendo la práctica del yoga. Buda pasó seis años meditando en la ribera de un río; Siddhartha pasa sus últimos

años junto al río, en donde le llega su revelación final..., una visión del mundo como simultaneidad y totalidad.

Escalones hacia la liberación

La novela está estructurada en dos partes, con cuatro y ocho capítulos respectivamente. Algunos críticos han querido ver en esta disposición un reflejo de las Cuatro Nobles Verdades y el Noble Sendero Óctuple, aunque si nos atenemos al hilo argumental de la obra, resulta evidente que la obra se organiza internamente en tres partes de cuatro capítulos cada una:

- Vida de Siddhartha en su hogar, convivencia con los ascetas y encuentro con el Buda.
- Vida con Kamala entre los hombres niños.
- Vida con el viejo Vasudeva a la orilla del río.

La primera etapa de *Siddhartha*, que se corresponde con la primera parte del libro, comprende la búsqueda espiritual por la vía del ascetismo y los maestros. La segunda etapa se desarrolla en la ciudad, donde el protagonista buscará la satisfacción entre los placeres mundanos. En la tercera etapa le llega la verdadera sabiduría, precisamente cuando ha dejado de buscar.

Crónica de una insatisfacción

El motor de la búsqueda que emprende Siddhartha –búsqueda del sentido del mundo y de sí mismo– es su profundo de-

El dharma de Buda

Después de experimentar la iluminación, Siddhartha Gautama resumió el problema de la existencia en las denominadas **Cuatro Nobles Verdades:**

1. **La Verdad del Sufrimiento.** La existencia es sufrimiento.
2. **La Verdad de la Causa del Sufrimiento.** El deseo, el apego y la ignorancia son las causas del sufrimiento.
3. **La Verdad de la Cesación del Sufrimiento.** Los seres humanos podemos experimentar un estado de conciencia exento de sufrimiento.
4. **La Verdad del Camino hacia la Cesación del Sufrimiento.** A este camino se le llama el **Noble Sendero Óctuple** porque está formado por ocho aspectos:
    1. Visión perfecta
    2. Emoción perfecta
    3. Discurso perfecto
    4. Acción perfecta
    5. Vida perfecta
    6. Esfuerzo perfecto
    7. Conciencia perfecta
    8. Meditación perfecta

sasosiego, el vacío que siente ante su vida regalada, los rituales y el amor de sus allegados:

> Siddhartha había empezado a acumular descontento en su interior. Comenzó a sentir que el cariño de su padre, el aprecio de su madre y el aprecio de su amigo Govinda no lo harían feliz toda la vida ni lo calmarían ni satisfarían sus aspira-

> ciones. Empezó a intuir que su venerable padre y sus otros maestros, los sabios brahmanes, le habían ya comunicado la mayor y más excelsa parte de su sabiduría, que ya habían trasvasado lo mejor de sí mismos a su alma, vaso expectante, y el vaso no estaba colmado, ni el espíritu satisfecho, ni el alma tranquila, ni el corazón sosegado.[11]

Siddhartha comunica primero a su amigo Govinda y luego a su padre su deseo de unirse a los samanas, los ascetas que buscan purificarse mediante las más absolutas privaciones. En el momento de partir, Govinda decide acompañarle en su nueva vida.

En muchas novelas de Hesse –como *Bajo la Rueda, Demian* o *Narciso y Goldmundo*– la acción está presidida por dos jóvenes unidos por una fuerte amistad, que a veces se asemeja al amor sensual. En estos tándems masculinos, uno suele ejercer de maestro y el otro de discípulo.

El primer capítulo termina con el encuentro entre los dos muchachos, camino de la sabiduría:

> Al despuntar el alba abandonó Siddhartha la ciudad aún dormida, a paso lento y con las piernas entumecidas. Y una sombra acuclillada en la última cabaña se irguió de pronto para unirse al peregrino: era Govinda.
>
> —Has venido –le dijo Siddhartha, sonriendo.
>
> —He venido –replicó Govinda

---

[11] Para las citas de *Siddhartha* se ha utilizado la traducción de Juan José del Solar en la edición de Edhasa.

Los samanas

Siddhartha y Govinda son aceptados por los ascetas y empiezan un severo régimen de ayunos y meditación. Las penalidades que se infringen tienen como objetivo apartarlos de los placeres mundanos –pues se componen de vanidad y engaño– así como de su propia identidad. En su lucha por alejarse del Yo, conocen el dolor, el hambre y la extenuación:

> Sólo una meta se perfilaba ante Siddhartha: quedarse vacío, despojarse de su sed, de sus deseos, de sus sueños, de sus penas y alegrías. Deseaba morir para sí mismo, no ser más él, hallar paz y tranquilidad en su corazón vacío, permanecer abierto al milagro despersonalizando el pensamiento. Cuando venciera y aniquilara a su Yo, cuando todos los impulsos y pasiones enmudecieran en su corazón, tendría que despertar lo Último, lo más íntimo de su Ser, lo que ya no es el Yo, sino el gran misterio.

Samsara y nirvana

«En su obra, Buda distingue entre dos estados diferentes: **samsara** y **nirvana**. **Samsara** se corresponde al círculo infinito de nacimiento y muerte en que vagamos perpetuamente. Es el estado de ser no-iluminado. Por el contrario, **nirvana** es el estado de total libertad y creatividad espontánea interminable que aparece tras la erradicación total del deseo.»

(*El budismo*, Kulananda, Plaza & Janés, 1997)

Pero las respuestas no llegan, y Siddhartha –cuya alma nunca ha dejado de estar inquieta– duda que la vida ascética le conduzca a la sabiduría suprema que está buscando. Ni las privaciones ni la despersonalización le han acercado al núcleo de la existencia. Ni siquiera los samanas más viejos han conocido el nirvana; la liberación parece estar en otro lugar.

Encuentro con el Buda

Después de tres años en compañía de los samanas, ambos jóvenes deciden abandonar el grupo e ir en busca de Gautama, el Buda, de quien se dice que «había superado en sí mismo la Rueda de las reencarnaciones, y ahora recorría el país enseñando, rodeado de jóvenes, sin bienes de ningún tipo, sin patria ni mujer, envuelto en el manto amarillo de los ascetas, pero con la mente serena». El maestro proclama que es posible alcanzar la iluminación siguiendo *la vía media*, es decir, lejos tanto de las mortificaciones como de los excesos.

Tras oír la palabra de Buda de su propia boca, Govinda pide ser aceptado entre sus discípulos y es admitido. Siddhartha, en cambio, decide proseguir su camino. Antes de partir, el joven mantiene una conversación con Gautama, en la que le expone los motivos por los que no puede acogerse a su doctrina:

> ...no he dudado un solo instante de que fueras Buda y hubieras alcanzado la meta suprema a la que aspiran tantos miles de brahmanes e hijos de brahmanes. Has logrado liberarte de la muerte. Y esta liberación, producto de las búsquedas que llevaste a cabo en tu propio camino, la has conseguido a través

del pensamiento, la meditación, el conocimiento y la iluminación. ¡No a través de una doctrina! En mi opinión, oh Sublime, nadie accede a la liberación a través de una doctrina. ¡A nadie, oh venerable, podrás comunicarle con palabras y mediante una doctrina lo que te ocurrió en el instante mismo de tu Iluminación!

Contra la autoridad

Jiddu Krishnamurti, filósofo y maestro espiritual de origen indio, dedicó su vida a dar conferencias por todo el mundo y se entrevistó con las principales personalidades científicas, políticas y espirituales del siglo XX. Aunque ello tenga algo de paradójico, instaba a sus oyentes a que fueran maestros de sí mismos y rechazaran toda autoridad:

> *Por lo general, aprendemos mediante el estudio, los libros, la experiencia, o cuando nos educan. Son los medios habituales de aprender. Aprendemos de memoria lo que debemos hacer, lo que debemos pensar o no pensar, cómo sentir, cómo reaccionar.*
>
> *... Ahora bien, yo entiendo que hay una forma totalmente distinta de aprender, y voy a hablar un poco acerca de ello; pero para comprenderlo y para aprender de esta manera diferente, usted debe estar por completo libre de la autoridad; de lo contrario, será meramente adoctrinado y repetirá lo que ha oído.*
>
> *...Un hombre cargado de conocimientos, de enseñanzas, agobiado por las cosas que ha aprendido, jamás es libre. Puede ser extraordinariamente erudito, pero su acumulación de conocimientos le impide ser libre; por lo tanto, es incapaz de aprender.*

(*El libro de la vida*, J. Krishnamurti, Edaf 1997)

Ante Siddhartha se abre una nueva etapa de inabarcable libertad. Puesto que ni siquiera la doctrina de Gautama –el único ser que le ha «obligado a bajar la mirada»– le ha conseguido seducir, ya nada ni nadie podrá mostrarle el camino:

> Quiero aprender de mí mismo, ser mi propio discípulo, conocerme y penetrar en ese enigma llamado Siddhartha.

El mundo sensual

En la siguiente etapa de su búsqueda, Siddhartha conoce a través de Kamala el amor físico y se sumerge en los placeres inmediatos de la ciudad. En el mundo de los «hombres niños», el hijo del brahmán entra al servicio de un mercader y aprende a amasar fortuna y a dilapidarla toda clase de caprichos terrenales.

Siddhartha vive en medio de la riqueza, el poder y el lujo, pero su alma está llena de amargura. El samsara, el mundo de lo pasajero y lo condicionado, se ha convertido en una cárcel para él. Una noche, Siddhartha despierta del sueño voluptuoso en el que ha vivido largos años:

> ... demasiada miseria había en su corazón –una miseria que él no se creía ya capaz de soportar–, y también demasiado asco, una sensación de asco que acabó por invadirlo como el tibio y repugnante sabor del vino, como la música excesivamente monótona y dulzona que escuchaba, como la sonrisa demasiado tierna de las bailarinas y el largo perfume de sus cabelleras y

sus senos. Pero más que de todo el resto sintió asco de sí mismo, de sus cabellos perfumados, del olor a vino de su boca, de la desgana y del cansancio adherido a su piel. Como alguien que, habiendo comido y bebido con exceso, acaba vomitando entre grandes espasmos y se siente al final contento y aliviado, así anhelaba el insomne Siddhartha, víctima de los embates de su repugnancia, liberarse de aquellos placeres y costumbres, de toda esa vida absurda y, por supuesto, de sí mismo.

El río de la vida

Siddhartha vuelve al río que había cruzado, en la flor de su juventud, al abandonar la ciudad de Gautama. Ante el dolor que le produce el vacío de su existencia, decide hundirse en las aguas como única vía de liberación. Sin embargo, algo sublime lo detiene: el río le habla sin palabras «de la indestructibilidad de la vida y de todo lo referente a la divinidad olvidada».

Tras esta revelación súbita –sintetizada en la sílaba sagrada «Om»– cae dormido al pie de un árbol. Al despertar, encuentra a su lado un monje en actitud meditativa: es Govinda. Ambos amigos revisan las vivencias y cambios sufridos:

—Y ahora, Siddhartha, ¿qué eres ahora?

—No lo sé. Lo ignoro tanto como tú. Me hallo en camino. Fui un hombre rico, pero ya no lo soy. ¿Qué seré mañana? No lo sé

—¿Perdiste tus riquezas?

—Sí, las perdí, o tal vez ellas me perdieron. Digamos que se me extraviaron. La rueda de las apariencias gira velozmente,

> Govinda. ¿Dónde está el brahmán Siddhartha? Aprisa cambia lo transitorio, Govinda: tú lo sabes.

Siddhartha sigue avanzando por el margen del río. Un anciano barquero, Vasudeva, le lleva a la otra orilla, el mismo que en su juventud lo condujera hacia el lugar donde había malgastado su vida. Apaciguado por la canción profunda del río, Siddhartha pide al viejo que le deje permanecer con él. En el cauce de la vida encontrará hasta el fin de sus días su morada y su reposo.

> Aprendió a fabricar remos, a reparar la embarcación, a tejer cestos, y todo cuando aprendía le gustaba; y los meses y los días transcurrían velozmente. Sin embargo, más que Vasudeva era el río el que le iba enseñando cosas. De él aprendía incesantemente. Lo primero que aprendió fue a escuchar, a prestar oído con el corazón en calma, con el ánimo abierto y expectante, sin apasionamiento, sin deseos, juicios ni opiniones.

Kamala llega un día a la cabaña de los dos viejos con un niño: el hijo que Siddhartha le había dado antes de partir. Después de la muerte de su madre, el joven –que se ha criado entre las comodidades de la ciudad– se rebela contra su padre y acaba huyendo, al igual que hiciera Siddhartha en su día. Como el río, todo es y vuelve eternamente.

Los dos ancianos, de cuya sabiduría se habla en toda la región, viven sus últimos días en la sencillez más absoluta. Llegado el momento, Vasudeva abandona el cauce del río para ir a morir al bosque, a reintegrarse a la Unidad. Pero al hijo del brahmán le está reservado un don más, reencontrarse con su amigo Govinda en sus últimos suspiros. La sonrisa de Siddhartha –serena como la de un buda– abre el corazón del monje a la iluminación.

Interpretaciones

Hermann Hesse logró con su *Siddhartha* –que es la historia de una búsqueda– traducir al gusto occidental la sabiduría milenaria de Oriente, en la que el budismo tiene una posición preponderante. El mismo Nietzsche –y todavía más Schopenhauer– vieron en las enseñanzas del Buda un camino posible para la liberación humana. Así, en *El Anticristo* el filósofo alemán disculpaba al dharma de la dura diatriba contra los valores cristianos:

Edición en castellano de la novela en Editorial Edhasa.

> Con mi condena al cristianismo, no quisiera haber cometido una injusticia contra una religión afín, que incluso lo supera en número de practicantes, el budismo. El budismo es la única religión auténticamente positivista que la historia nos muestra [...] no lucha contra el pecado, sino que, dando la razón a la realidad, lucha contra el sufrimiento.

La mayoría de críticos coinciden en señalar dos símbolos esenciales para la comprensión de Siddhartha, el río y la sonrisa. Aunque el primero tenga, aparentemente más protagonismo que el segundo, ambos se complementan, sobre todo por que el segundo es resultado de la comprensión del primero.

El río enseña a Siddhartha el constante cambio de todo lo que existe y, a su vez, su carácter eterno. El agua fluye sin cesar pero está siempre ahí. Ésta es la esencia de la existencia; una vez se comprende, el tiempo deja de tener sentido. No hay pasado ni futuro, todo es presente cuando se asume la Unidad de todas las cosas.

Asimismo, el río encarna la naturaleza y es un punto medio –como la *vía media* del dharma– entre el rigor de los samanas y la vida sensual de la ciudad. La sed de saber de Siddhartha sólo se ve saciada cuando, veinte años después, vuelve a cruzar el margen del río: sólo entonces está preparado para comprender su callado mensaje.

Otro símbolo importante, consecuencia de la comprensión del devenir humano, es la sonrisa. Siddhartha la advierte por primera vez en el rostro de Gautama, el Buda; ésta expresa la misteriosa serenidad que brota de la armonía y la unidad con todas las cosas. La sonrisa de Buda impresiona profundamente al protagonista, que guardará su recuerdo hasta el resto de sus días. Esta marca de la perfección espiritual la vuelve a ver en Vasudeva, el barquero que vive a la orilla del río. Cuando Siddhartha deja de buscar y se abandona al sabio fluir del agua, alcanza la Unidad de todas las cosas y la sonrisa de la calma ilumina también su rostro.

Esta sonrisa –que muestra un estado de iluminación– es el último regalo que Siddhartha entrega a su amigo Govinda.

El lobo estepario

[Der Steppenwolf]

Sinopsis

Harry Haller, un enigmático y solitario cincuentón al que no se le conoce ocupación, se refugia en una pensión de la que sólo saldrá ocasionalmente. Un día desaparece de la ciudad dejando un manuscrito en el que narra su existencia de lobo estepario, que comprende una extraña velada en el «Teatro Mágico».

La senda del lobo

Esta novela atípica de Hermann Hesse se fraguó en una época de gran dispersión emocional del autor, el cual se acercaba a la cincuentena y vivió una segunda adolescencia en los bares y cabarets de Zurich.

Después de un 1926 dedicado al desorden y a la autodestrucción, Hesse trabajó febrilmente durante seis semanas –día y noche, según el propio autor– en una serie de fragmentos en prosa que conformarían la futura novela.

En enero de 1927 concluía el original de *Der Steppenwolf* (*El lobo estepario*), novela que –en contra del consejo de su editor– apareció en las librerías en junio de este mismo año. Tal como

Samuel Fischer había previsto, la mayoría de críticos arremetieron contra la obra, verdadero golpe de efecto en el mundo literario. En una época de gran división social, *El lobo estepario* no agradó ni a unos ni a otros. Tal como apunta Martin Pfeifer en su estudio, la prensa burguesa la tachó de «perniciosa e indecente», mientras que la socialista la consideraba «pesimista e individualista».

Hesse y la psicodelia

Timothy Leary, profesor de Harvard conocido en los sesenta como el «apóstol de las drogas», contribuyó de manera decisiva a la popularización de *El lobo estepario* en los Estados Unidos. Dos meses antes de morir, la dieta diaria de Leary consistía en 3 tazas de café, 36 cigarrillos, 4 vasos de champagne, 12 globos de óxido nitroso, tres líneas de cocaína y cuatro galletas de cannabis. Su apología de la cultura psicodélica hizo que Nixon lo declarara en su tiempo «el hombre más peligroso vivo».

Sobre la obra de Hesse, el profesor afirmó lo que sigue:

> *...Hesse es el maestro de la vivencia psicodélica y su aplicación. Antes de una sesión de LSD deberías leer «Siddhartha» o «El lobo estepario». La parte final de «El lobo estepario» es una lección impagable.*

En las décadas de los sesenta y setenta, la novela cobró mucha fuerza entre el público lector, desatando la «moda Hesse» en Europa, Sudamérica y los Estados Unidos. La que para muchos es la obra más emblemática de Hermann Hesse ha sido traducida a más de treinta lenguas, con numerosas reediciones en algunas de ellas.

Ruptura y modernidad

El lobo estepario supuso la ruptura de Hesse con el estilo que había caracterizado sus novelas anteriores, más cercano a la tradición romántica que a los experimentos vanguardistas. Tanto en lo personal como en lo creativo, el autor se había propuesto dejar atrás toda su etapa anterior y partir de cero. El estilo de la novela se aproxima al expresionismo, aunque incorpora muchos elementos de propia cosecha. En cualquier caso, Hesse describe el mundo contemporáneo con medios contemporáneos.

Hesse cambió los paisajes idílicos de sus obras anteriores por pensiones y sórdidos cabarets donde las chicas acuden a conocer los últimos ritmos. La ciudad es el único escenario de la acción, dispersa y extravagante en la mayoría del texto. Gran parte de su público se sintió confundido ante esta nueva orientación, que, a su vez, atraería a un público más joven e inconformista.

El canon expresionista

El expresionismo –que operó primeramente en la pintura– adquirió entre 1919 y 1924 gran predicamento en todas las artes, incluyendo la literatura. Propugnaba el retorno al hombre primigenio (*Urmensch*) y el advenimiento de una humanidad libre y más consciente de sus propias posibilidades. Aunque la novela no fue el género en el que esta vanguardia tuvo más influencia, muchos críticos ven rasgos expresionistas en la obra de Heinrich Mann, Alfred Döblin e incluso Franz Kafka.

La introducción del editor

Un editor anónimo nos da cuenta de la persona de Harry Haller, un cincuentón solitario y huraño que había alquilado dos habitaciones en casa de su tía. Este misterioso personaje, que parece vivir una existencia lejos de las obligaciones, desaparece finalmente dejando como legado un manuscrito en el que describe su estancia en la ciudad.

> Contiene este libro las anotaciones que nos quedan de aquel hombre, al que, con una expresión que él mismo usaba muchas veces, llamábamos el lobo estepario... No es gran cosa lo que sé de él, y me han quedado desconocidos su pasado y su origen. Pero de su personalidad conservo una impresión fuerte, y como tengo que confesar, a pesar de todo, un recuerdo simpático.[12]

Harry Haller es un *outsider* que, sin embargo, no consigue desanclarse de la burguesía. Su alma es básicamente dual: en parte humana y en parte de lobo, es decir, antisocial. Detesta el cine, los periódicos o las nuevas obras de teatro. Su vida familiar ha fracasado y no le quedan amigos. Esta condenado a vagar solo, como el lobo que cruza la estepa.

Al final de la introducción, el editor divaga sobre el posible destino del personaje después de su desaparición:

> No, estoy persuadido de que no se ha quitado la vida. Vive todavía; por cualquier parte va subiendo y bajando, sobre sus

---

[12] Traducción de Manuel Manzanares par Alianza.

piernas cansadas, las escaleras de casas extrañas; en cualquier parte está mirando fijamente suelos relucientes de parqué y araucarias pulcramente cuidadas; pasa los días en las bibliotecas y las noches en los colmados, o está tendido sobre un sofá alquilado; desde sus ventanas oye vivir al mundo y a los hombres y se sabe excluido, pero no se mata, pues un resto de fe le dice que tiene que apurar hasta el fin dentro de su corazón este sufrimiento, este tremendo sufrimiento, que es de lo que, a la postre, habrá de morir.

Las notas de Harry

El manuscrito empieza con la descripción de un día común de Harry Haller, entre los dolores varios y los libros viejos. Al oscurecer, el lobo estepario ha salido a tomar un vaso de vino a una hostería cercana, cuando ve en un muro «un espacio tenuemente iluminado, por el que corrían y desaparecían letras móviles de colores, volvían a aparecer y se esfumaban». Con gran esfuerzo, Harry consigue descifrar lo que anuncia el letrero:

Teatro mágico.
Entrada no para cualquiera.
No para cualquiera.

Hay una puerta que Harry no consigue abrir. Segundos más tarde, las letras vuelven a encenderse:

¡Sólo..., para..., lo..., cos!

Las palabras se desvanecen y Harry prosigue su camino, cavilando sobre el significado de todo aquello. La curiosidad le lleva esa misma noche a revisitar el lugar, donde ya no hallará la puerta ni letrero alguno. De repente, de una calle lateral surge un hombre que porta un anuncio. Harry le pide que se acerque para poder leer el mensaje:

VELADA ANARQUISTA

TEATRO MÁGICO

ENTRADA NO PARA CUAL...

Harry Haller pregunta al hombre dónde y cuándo tendrá lugar esa velada. El desconocido se desentiende con un «No es para cualquiera» y sigue caminando. Harry corre detrás de él, que le entrega un pequeño folleto. Una vez en casa, descubre con asombro que el título del folleto es: *Tractat del lobo estepario*.

El «Tractat»

El folleto que recibe el protagonista de manos del desconocido da una tercera descripción de Harry Haller. Esta fuente analiza al personaje en toda su complejidad, determinando las causas que le han llevado a apartarse del mundo. Para un hombre que se ha prometido a sí mismo el suicidio, la única salvación está en el humor:

> Vivir en el mundo como si no fuese el mundo, cumplir la ley y sin embargo estar por encima de ella, poseer «como si uno no

poseyese», evadir como si no hubiese evasión –todas estas pretensiones populares y a menudo formuladas con una sabiduría sublime pueden realizarse únicamente con el humor.

Para acceder al humor que puede redimirle de su realidad, el lobo estepario debe resolver los conflictos que anidan en su alma, básicamente aceptándose a sí mismo y relativizando todas las cosas. El «Tractat» establece tres alternativas que pueden conducir a Harry a su salvación: el autoconocimiento, el encuentro con los inmortales o la liberación en el «Teatro Mágico».

Larga es la noche

El lobo estepario prosigue su relato. Una noche conoce en una taberna de los suburbios a una misteriosa prostituta que le quitará de la cabeza sus ideas de suicidio y le introducirá en su mundo, donde la vida es mucho más fácil. Harry Haller entra en las salas de baile y clubs de jazz, donde conoce a María, otra prostituta que le instruye –como Kamala a Siddhartha– en los placeres del amor. Ésta, a su vez, le conduce a Pablo, un saxofonista que después de una velada de baile y opio le llevará a su Teatro Mágico.

Una vez en su interior, Pablo enseña a Harry Haller su imagen reflejada en un espejo y le obliga a reírse de ella. Acto seguido, le muestra otro espejo que devuelve múltiples imágenes –jóvenes y viejas– del propio Harry. La finalidad de los espejos es desposeer al lobo estepario del pernicioso apego a la identidad.

En el Teatro Mágico –un mundo donde el tiempo y la realidad son siempre relativos–, Harry Haller visita el escenario de una guerra futura y pasa por delante de numerosas puertas, cada una de ellas con un desconcertante letrero:

¡SUICIDIO DELEITOSO!
TE MUERES DE RISA.

¿QUIERE USTED ESPIRITUALIZARSE?
SABIDURÍA ORIENTAL.

INSTRUCCIONES PARA LA RECONSTRUCCIÓN
DE LA PERSONALIDAD.
RESULTADO GARANTIZADO.

MARAVILLOSA DOMA DEL LOBO ESTEPARIO.

La larga noche de Harry le lleva a matar por amor y a conocer a Mozart, con quien asiste al último acto de la ópera *Don Juan*. El lobo estepario es juzgado y condenado «a la vida eterna». El compositor de Salzburgo le dedica estas palabras:

> —Ya ha escuchado usted su sentencia. No tendrá más remedio que acostumbrarse a seguir oyendo la música de la radio de la vida. Le sentará bien. Tiene usted poquísimo talento, querido y estúpido amigo; pero aun así, poco a poco, habrá ido ya comprendiendo lo que se exige de usted. Ha de hacerse cargo del humorismo de la vida, del humor patibulario de esta vida.

La música en «El lobo estepario»

El paseo de Harry Haller por el Teatro Mágico está colmado de referencias musicales. El protagonista se mueve entre el jazz de Pablo y las obras de Mozart, alegorías de los dos mundos entre los que se debate el lobo estepario. *La flauta mágica* es un tema recurrente en la novela, expresión máxima de la música como liberación.

Goethe y Mozart encarnan las figuras inmortales que pueblan el espacio íntimo de Harry. En otro extremo del espectro clásico, el narrador describe a Brahms y Wagner cruzando el desierto seguidos por una multitud, a modo de penitencia por su propia pesadez. La aversión por la música de Wagner tenía profundas raíces en Hermann Hesse, que llegó a decir que el compositor de Bayreuth había sido el asesino de su esposa Maria Bernouilli, presa de violentas crisis nerviosas.

El escritor comparó en diversas ocasiones la estructura de *El lobo estepario* con la de una sonata, con sus contrapuntos, fugas y cambios armónicos. En cualquier caso, se trata de una «sonata» difícil que obliga al «oyente» –es decir, al lector– a cambiar de registro varias veces para seguir el rastro de Harry Haller. Sobre la complejidad de la novela, Thomas Mann afirmaba que «no le va a la zaga al *Ulises* y a *Los monederos falsos* en osadía experimental».

Interpretaciones

Algunos autores han visto un paralelismo entre las novelas *Demian* y *El lobo estepario*. Mientras la primera trata el tema de la

Escuela de suicidas

Al igual que le sucedió a Goethe tras la publicación de *Las desventuras del joven Werther*, Hesse recibió algunas cartas que le culpabilizaban del suicidio de personas jóvenes, motivado –presuntamente– por la lectura de la novela. El autor de *El lobo estepario* respondía así a la airada carta de un padre que en 1945 responsabilizaba al escritor del suicidio de su hijo:

Estimado señor,

Usted ha tenido la comprensible necesidad de endosar a otro parte de la culpa paternal que le corresponde por la muerte de su hijo, y lo hizo en mí mediante una carta que no es cortés, ni prudente...

Usted debe dejarme a mí solo la responsabilidad por mis libros, cuyo origen se funda en sacrificios de los que no tiene la menor noción. Pronto cumpliré mis setenta años y no me hacen falta sus consejos ni sus prescripciones. Si se hubiera esmerado en leer realmente y entender «El lobo estepario» hubiese advertido que no es la historia de una decadencia, sino la de una crisis y salvación y que Harry no es un decadente, sino un individuo capaz de vivir. Que no todos logren esta salvación no es motivo para guardar silencio o engañarse sobre la problemática moral y anímica de nuestra época, de acuerdo con su receta...

Usted sintió la necesidad de comunicarme su juicio aniquilador sobre mi libro y unido a él consejos morales para mí. Sólo puedo contestarle lo siguiente: Distinguido señor, no busque usted la culpa de la muerte de su pobre hijo en un libro que quizá leyó, que otros diez mil leyeron sin prejuicio y otros muchos con beneficio, sino pregúntese por qué su hijo no acudió a su progenitor cuando ya no se sintió capaz de hacer frente a sus problemas.

Me ha sido penoso escribir esta carta, tanto más cuanto que usted está de duelo y su hijo me merece simpatía, pero su carta exigía la respuesta que le doy.

Atentamente,

Hermann Hesse

(*Cartas escogidas*, Editorial Sudamericana, 1999)

crisis adolescente, la andadura de Harry Haller refleja la crisis de la madurez. Ambas tienen un importante componente biográfico.

Hesse utiliza al lobo estepario, su «alter ego», para superar el pesimismo que se apoderó de él –y de su generación– en la postguerra a través del humor y la autoironía: el individuo no es más que un esbozo, una estación «en el largo camino que conduce al ser humano». En este sentido, puede decirse que la andadura de Harry Haller –medio lobo, medio hombre– es la historia de una curación.

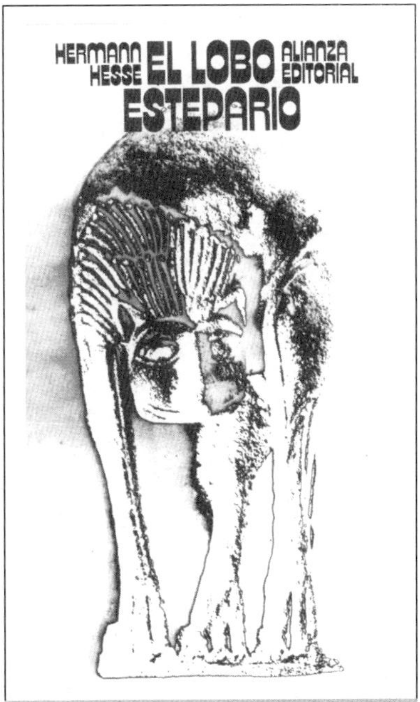

Traducción de Alianza de **El lobo estepario.**

El lobo estepario es crítico tanto con el propio autor, que después de varios fracasos sentimentales se veía obligado a empezar de nuevo, como con la época que le tocó vivir. Hesse describe los usos y costumbres de los «locos años veinte», aunque advierte de los peligros que acechan detrás de esta aparente libertad que se respira en la sociedad. Tras la frágil República de Weimar –con sus adelantos tecnológicos y el afán por el dinero– se ocultan los fantasmas del fascismo y la guerra.

Retrato del escritor al final de su vida.

Entrevista con la Dra. Marisa Siguan

Marisa Siguan es Catedrática de Literatura Alemana en la Universidad de Barcelona. Entre los numerosos artículos y obras que ha publicado, destaca su *Historia de la Literatura Alemana* escrita en colaboración con el Dr. Hans Gerd Roetzer.

—Da la impresión de que Hermann Hesse es un escritor que periódicamente vuelve a la palestra. ¿A qué atribuye la popularidad de la que ha gozado en las últimas décadas?

—Hesse es un autor que experimenta renacimientos de tanto en tanto. Yo diría que la vigencia que tiene ahora se debe a dos factores: el primero es que es un autor eminentemente «para jóvenes» o incluso «para adolescentes», y el segundo factor es el creciente interés por las historias mitológicas y por todo lo oriental, dentro del marco del «neohippismo». Además de la actual fascinación por Oriente, está la atracción que sienten los lectores por la rebeldía juvenil de sus personajes.

—¿Considera a Hesse fundamentalmente un escritor para jóvenes?

—Yo creo que sí, aunque esto no significa que los adultos no puedan leerlo. Los jóvenes tienen, digámoslo así, una mayor compenetración con el autor. Esto se debe a que sus novelas son historias de rebelión juvenil, en las que los protagonistas buscan un camino en un mundo que no se corresponde con las expectativas que se han creado. En este sentido, son obras iniciáticas, sobre todo *El lobo estepario*, *Bajo la rueda* y *Demian*. La novela *El juego de los abalorios* es, sin embargo, distinta y tiene una valencia más allá de los problemas existenciales de los adolescentes.

—¿Cuál es según su criterio la mejor obra de Hermann Hesse?

—Esto depende siempre de la perspectiva que se adopte. Yo diría que *El juego de los abalorios*, porque es una obra que se escapa de la lectura específica que se puede hacer como joven. Es una novela que puede decir cosas más allá de las modas o de una edad concreta.

—¿Por qué en el ámbito universitario no se da tanta importancia a Hesse como a otros autores alemanes contemporáneos?

—Eso es verdad. Lo que sucede es que, en la Universidad, los actuales planes de estudios no dejan, desgraciadamente, demasiado lugar para la literatura contemporánea. Por esta razón, debemos hacer una selección, y suele escogerse a otros autores antes que a Hesse, quizás por lo dicho anteriormente, por ser un autor más propio del público adolescente.

—¿Por qué se ha asociado en ocasiones la figura de Hermann Hesse al pensamiento fascista?

—Es verdad que a veces ha sucedido así, pero es absurdo y refleja un gran desconocimiento del autor. A Hermann Hesse, en realidad, le pasa como a Nietzsche. Los héroes de Hesse quieren acercarse al ideal del «superhombre», se hallan en una rebelión individual enloquecida, que en aquella época a veces se asociaba con el fascismo. También es porque en algunas de sus obras hay un culto importante a la naturaleza y al cuerpo, como en los grupos fascistas de la época, aunque cabe decir que los anarquistas también habían practicado el culturismo y este tipo de cosas.

Hesse es un personaje que ha sido reivindicado por gente muy variopinta. Tiene grandes admiradores y gente que no quiere saber nada; provoca pasiones encontradas. Lo que es muy frecuente es gente que lo ha leído en su adolescencia, que ha tenido la gran «etapa Hesse», y luego lo ha abandonado absolutamente.

—¿Considera a Hesse un personaje comprometido con los problemas de su tiempo?

—Hesse no se distinguió, como Thomas Mann, por su postura política en contra del nazismo o de cualquier otro régimen. Por esta razón, resultaba fácil apropiarse de sus ideas. Supongo que éste es el motivo por el que no cayó especialmente «simpático» a algunos intelectuales.

—¿Qué autores en su opinión han recibido más influencia de Hesse?

—Como dato curioso, Kafka fue uno de los autores que remarcó la importancia de Hesse y la calidad de su prosa.

Bibliografía

Cronología de las ediciones en español de la obra de Hermann Hesse

1930 *Demian. La historia de la juventud de Emilio Sinclair.* Trad. Luis López Ballesteros y de Torres. Buenos Aires; Madrid: Editorial Cenit 1930; México: Fondo de Cultura Económica 1940; México: Compañía General de Ediciones 1963.

1930 *El lobo estepario.* Trad. Manuel Manzanares. Madrid: Editorial Cenit; Buenos Aires; Editorial Futuro 1943; Buenos Aires; Santiago Rueda 1948, México: Compañía General de Ediciones 1960; México: Compañía General de Ediciones 1964; Madrid: Alianza Editorial 1967.

1943 *A una hora de medianoche.* Trad. Alfredo Cahn. Buenos Aires: Espasa-Calpe.

1946 *La ruta interior.* Trad. Anna dell'Erba. Buenos Aires: Argonauta.

1947 *Peter Camenzind.* Trad. Jesús Ruiz. Barcelona: L. de Caralt; Buenos Aires: La novela de hoy argonauta.

1947 *Siddhartha.* Trad. Ricardo Bumantel. Buenos Aires: La novela de hoy argonauta.

1948 *Bajo la rueda*. Trad. Jesús Ruiz. Barcelona: L. de Caralt; México: Ed. Latino Americana 1956; Barcelona: L. de Caralt 1960.

1948 *Narciso y Goldmundo*. Trad. Luis Tobio. Buenos Aires: Editorial Sudamericana.

1949 *El juego de los abalorios. Ensayo de una biografía del «magister ludi» Josef Knecht, juntamente con los escritos dejados por él.* Trad. Aristides Gregori. Buenos Aires: Santiago Rueda; México: Editorial Sol 1955; México: Editorial Latino Americana 1957; Buenos Aires: Rueda 1967; México: Editorial El Ateneo 1977.

1950 *Ensueños*. Trad. Alfonso Pintó. Barcelona: L. de Caralt.

1950 *Gertrudis*. Trad. Jorge Pinette. Buenos Aires: Espasa-Calpe.

1951 *Pequeño mundo*. Trad. Aristides Gregori. Buenos Aires: Santiago Rueda. 1961; México: Editorial El Ateneo 1978.

1953 *A una hora de medianoche*. Trad. Alfredo Cahn. Buenos Aires: Espasa-Calpe.

1955 *Rosshalde*. Trad. Alberto L. Bixio. Buenos Aires: Santiago Rueda; México: Editorial El Ateneo 1978.

1955 *Tres momentos de una vida. (Knulp)*. Trad. Alberto L. Bixio. Buenos Aires: Santiago Rueda; México: Editorial El Ateneo 1978.

1956 *Fabulario*. Trad. Alberto L. Bixio. Buenos Aires: Santiago Rueda; México: Editorial El Ateneo 1978.

1957-1967 *Obras completas*. Madrid: Aguilar.

Peter Camenzind. Bajo la rueda. El ciclón. Hermosa es la juventud. Knulp. Cuentos. Correspondencia entre Hermann Hesse y Romain Rolland. El juego de los Abalorios. Ensueños. Prosas tardías. Trad. M.S. Luque, Jesús Ruiz, Alfonso Pinto, Félix Caballero Robredo. 1962

Prosas tempranas. Gertrudis. Rosshalde. Demian. Pequeño mundo. Libro de fábulas. Trad. M.S. Luque. 1961.

Peregrinación. Klingsor (Alma infantil). Klein y Wagner. El último verano de Klingsor. Siddhartha. El aguista. Viaje a Nuremberg. Libro de estampas. El lobo de la estepa. Narziss y Goldmund. Recuerdos. Trad. Miguel Chamorro. 1963.

Horas en el jardín. El niño tullido. El viaje hacia oriente. Consideraciones. Cartas. Cartas colectivas. Páginas de un diario. Poesías completas. Trad. Rafael de la Vega, Miguel Chamorro, M.S. Luque, A.S. Luque. 1967.

1958 *Tres momentos de una vida. (Knulp).* Trad. H. Becco. Buenos Aires: Santiago Rueda.

1967 *Bajo la rueda.* Trad. Genoveva Dieterich. Madrid: Alianza Editorial.

1968 *Peter Camenzind. Bajo la rueda.* Trad. Jesús Ruiz. Barcelona: L. de Caralt.

1968 *Demian.* Trad. Trad. Genoveva Dieterich. Madrid: Alianza Editorial.

1968 *Siddhartha.* Trad. H. Kattendhal, Montserrat Martí. Barcelona: Bruguera.

1970 *El juego de los abalorios.* Trad. Marcos Altama y otros. In: Maestros Alemanes III. Selección y estudios de Ramon Maseguer. Barcelona: Editorial Planeta; Barcelona: Plaza & Janés.

1970 *Hermann Lauscher. Viaje al Oriente. El juego de los abalorios.* Trad. Mariano S. Luque. *In: Los premios Nobel de Literatura.* Tomo 7: Buenos Aires, Barcelona, México: Plaza & Janés.

1971 *Hermann Lauscher. Viaje al Oriente.* Trad. Victor Scholz. Barcelona: Plaza & Janés.

1973 *El último verano de Klingsor*. Trad. Ester Berenguer. Barcelona: Planeta. Prólogo de José María Carandell (Biblioteca Universal, 49).

1974 *Lectura para minutos*. Trad. Asunción Silvan. Madrid: Alianza Editorial.

1975 *El camino difícil y otros cuentos*. Trad. Rodolfo E. Modern. Buenos Aires: Ediciones librerías Fausto.

1976 *Mi Credo*. Trad. Pilar Giralt-Gorina. Barcelona: Editorial Bruguera.

1977 *En el balneario*. Trad. Pilar Giralt-Gorina. Barcelona: Editorial Bruguera.

1977 *Escrito en la arena*. Trad. Jenaro Talens. Madrid: Visor Libros.

1977 *Obras selectas (Demian, Siddhartha, El lobo estepario)*. Trad. G. Dieterich, M. Martí, M. Manzanares. Barcelona: Círculo de Lectores.

1977 *Obstinación – Escritos autobiográficos*. Trad. Anton Dietrich. Madrid: Alianza Editorial.

1977 *Sobre la guerra y la paz*. Trad. Pilar Giralt-Gorina. Barcelona, Madrid: Editorial Noguer. (Libros de bolsillo Noguer, 59).

1977 *Hermann Hesse/Thomas Mann: Correspondencia*. Trad. Juan J. Del Solar B. Barcelona: Muchnik Editores. Prólogo de José María Carandell.

1978 *Cuentos*. Trad. Feliu Formosa, Manuel Olasagasti. Madrid: Alianza Editorial. 4 tomos.

1978 *El caminante*. Trad. Pilar Giralt-Gorina. Barcelona: Editorial Bruguera.

1978 *El lobo estepario*. Trad. Angel Sabrido. Barcelona: Plaza & Janés.

1978 *El arte del ocio*. Trad. Feliu Formosa y Mireia Bofill. Barcelona: Editorial Planeta.

1978 *Escritos políticos 1914-1932. Escritos políticos 1932-1962.* Trad. Herminia Dauer. Barcelona: Editorial Bruguera. 2 tomos.

1978 *El juego de los abalorios.* Trad. Mariano S. Luque. Madrid: Alianza Editorial.

1978 *Pequeñas alegrías.* Trad. María A. Gregor. Buenos Aires: Editorial Sudamericana.

1979 *Leyendas medievales.* Trad. Roberto Bein. Barcelona: Editorial Bruguera.

1979 *Pequeñas alegrías. Escritos póstumos.* Trad. Manuel Olasagasti. Madrid: Alianza Editorial. (El libro de bolsillo).

1979 *Viaje al oriente. Hermann Lauscher.* Trad. Victor Scholz. Barcelona: Edhasa.

1980 *Cartas escogidas. Compilación de Hermann Hesse y Ninon Hesse.* Trad. María A. Gregor. Buenos Aires: Editorial Sudamericana. Barcelona: Edhasa.

1981 *Lectura para minutos.* Trad. Manuel Olasagasti. Madrid: Alianza Editorial.

1981 *Obras selectas de Premios Nobel. Hermann Hesse 1946. (Bajo la rueda, Gertrudis, Rosshalde, Demian).* Trad. Mariano S. Luque. Prólogo de José María Valverde. Barcelona: Editorial Planeta.

1981 *Relatos.* Trad. Domingo Arteaga. México: Editores Mexicanos Unidos.

1982 *Desde la India.* Compilación de Volker Michels. Trad. Mireia Bofill. Barcelona: Editorial Bruguera (Colección Ensayo).

1983 *Narciso y Goldmundo.* Trad. Luis Tobio. Barcelona: Seix Barral.

1983-1984 *Escritos sobre literatura.* Trad. Genoveva y Anton Dieterich. Madrid: Alianza Editorial.

1984 *Correspondencia entre dos guerras*. Trad. Joaquín Bochaca. Barcelona: Editores de Nuevo Arte Thor.

1984 *Lecturas para minutos. Pensamientos extraídos de sus libros y cartas*. Trad. Asunción Silvan, Manuel Olasagasti. Madrid: Alianza Editorial. 2 tomos.

1984 *Siddhartha*. Trad. Carmen Grossi. México: Editores mexicanos unidos. (Col literaria universal).

1985 *Demian*. Trad. Feliu Formosa. Barcelona: Edhasa (Classics Moderns).

1985 *El lobo estepario*. Trad. Manuel Manzanares. Barcelona: Seix Barral.

1985 *El juego de los abalorios*. Trad. Mariano. S. Luque. Barcelona: Seix Barral.

1985 *Cuentos 1927-1953*. Trad. Manuel Olasagasti. Barcelona: Seix Barral.

1985 *El último verano de Klingsor*. Trad. Ester Berenguer. Barcelona: Editorial Planeta.

1985 *Rastro de un sueño*. Trad. Mireia Bofill. Barcelona: Editorial Planeta.

1985 *Knulp*. Trad. Mariano Santiago Luque. Barcelona: Editorial Seix Barral.

1985 *Demian* Trad. Genoveva Dieterich. Barcelona: Editorial Seix Barral.

1985 *Cuentos 1917-1925*. Trad. Manuel Olasagasti. Barcelona: Editorial Seix Barral.

1985 *Siddhartha*. Trad. Miguel Chamorro. Barcelona: Editorial Seix Barral.

1985 *La ciudad. Un cuento*. Trad. Stella Wittenberg. Madrid: Hermann Blume.

1986 *Tres momentos de una vida. (Knulp).* Trad. Ana María de la Fuente. Barcelona: Editorial Seix Barral. (Biblioteca breve).

1986 *La conversión de Casanova y otros relatos.* Trad. Ana María de la Fuente. Barcelona: Editorial Seix Barral. (Biblioteca breve).

1986 *Gertrudis. Rosshalde.* Cuentos 1907-1914. Trad. Manuel Olasagasti. Barcelona: Editorial Seix Barral.

1988 *El lobo estepario.* Trad. Pedro Gómez Valderrama. Bogotá: Círculo de lectores.

1993 *Siddhartha.* Trad. Juan José del Solar. Barcelona: Plaza y Janés Editores.

1994 *Cuentos maravillosos.* Trad. Diversos. Barcelona: Editorial Edhasa.

1995 *Demian: historia de la juventud de Emil Sinclair.* Prólogo de Thomas Mann. Trad. Luis López Ballesteros. Buenos Aires: Editorial Argonauta.

1997 *Alma infantil.* Trad. Manuel Olasagasti. Madrid: Alianza Editorial.

1998 *Siddhartha.* Trad. Juan José del Solar. Barcelona: Editorial Edhasa.

1998 *El juego de los abalorios.* Argentina: Editorial Sudamericana.

1998 *El libro de las fábulas.* Argentina: Editorial Sudamericana.

1998 *Pequeño mundo.* Argentina: Editorial Sudamericana.

1998 *Knulp.* Argentina: Editorial Sudamericana.

1998 *Demian.* Trad. Genoveva Dieterich. Madrid: Alianza Editorial.

1998 *El viaje a Oriente.* Trad. Victor Scholz. Barcelona: Ediciones Oniro.

1998 *Siddhartha*. Trad. Juan José de Solar. Barcelona: Editorial Edhasa.

1999 *Cuentos I*. Trad. Feliu Formosa y Manuel Olasagasti. Madrid: Alianza Editorial.

1999 *El juego de los abalorios*. Trad. Mariano S. Luque. Madrid: Alianza Editorial.

1999 *Cuentos 1*. Trad. Feliu Formosa y Manuel Olasagasti. Madrid: Alianza Editorial.

1999 *Narciso y Goldmundo*. Trad. Luis Tobio. Argentina: Editorial Sudamericana.

1999 *Narciso y Goldmundo*. Trad. Luis Tobio. Barcelona: Editorial Edhasa.

1999 *Rosshalde*. Trad. Alberto Luis Bixio. Argentina: Editorial Sudamericana.

1999 *Cuentos de amor*. Trad. Ester Capdevila. Barcelona: Muchnik Editores.

2000 *La leyenda del rey indio y otros relatos iniciáticos*. Trad. J.A. Bravo. Barcelona: Ediciones Oniro

2000 *Cartas escogidas*. Trad. María A. Gregor. Argentina: Editorial Sudamericana.

2000 *La conversión de Casanova y otros relatos*. Trad. Ana María de la Fuente. Barcelona: Editorial Muchnik.

2000 *El caminante*. Trad. Pilar Giralt. Barcelona: Editorial RBA.

2000 *Noche de julio*. Trad. Ana María de la Fuente. Barcelona: Muchnik Editores.

Ediciones en catalán

1981 *Sota la roda*. Trad. Ricard Torrents. Ilustraciones de Wenceslao Masip. Barcelona: Editorial Lumen (Col·lecció Sis Joans, 7).

1985 *Demian*. Trad. Feliu Formosa. Barcelona: Edhasa.

1985 *Narziss i Goldmund*. Trad. Judit Vilar. Barcelona: Hogar del libro.

1986 *Maca és la joventut*. Trad. Josep Murgades. Barcelona: Editorial Empúries. (L´Odissea, 10)

1987 *El joc de les granisses*. Trad. Núria Roig. Barcelona: Edicions 62.

1987 *El llop estepari*. Trad. Margarida Sugranyes. Barcelona: Edhasa.

1995 *Siddhartha*. Trad. Carmen Gala. Barcelona: Enciclopèdia Catalana.

1999 *Demian*. Trad. Feliu Formosa. Barcelona: Edicions Proa.

1999 *El llop estepari*. Trad. Margarida Sugranyes. Barcelona: Enciclopèdia Catalana.

1999 *El caminant*. Barcelona: RBA Libros.

2000 *Contes d'amor*. Trad. Enric Jardí. Barcelona: RBA Libros.

2000 *Narziss i Goldmund*. Trad. Anna Soler Horta. Barcelona: Editorial Empúries.

Ediciones en gallego

1998 *Baixo as rodas*. Trad. Franck Meyer. Vigo: Editorial Galaxia.

1999 *Siddhartha*. Trad. Franck Meyer. Vigo: Editorial Galaxia.

Ediciones en vasco

1986 *Estepako otsao*. Trad. Pello Zabaleta. San Sebastián: Elkar.

Obras consultadas sobre Hermann Hesse

Ball, H., *Hermann Hesse. Sein Leben und sein Werk*. Suhrkamp Taschenbuch, 1999.

Carranza, G., Scafati, L., *Hermann Hesse para principiantes*. Era Naciente, 2000.

Dieterich, G., *(Album para la edición conmemorativa de «Demian»)*, Alianza Editorial, 1998.

Michels, V., *(Introducción para «Hermann Hesse: Farbe ist Leben»)*, Insel Verlag, 1997.

Mileck, J., *Life and Art*, University of California Press, 1980.

Pfeifer, M., *Das Glasperlenspiel*. C. Bange Verlag - Hollfeld, 1998.

Pfeifer, M., *Demian, Siddhartha, Der Steppenwolf*. C.Bange Verlag-Hollfeld, 1994.

Zeller, B., *Hermann Hesse, Rowohlt*, 2000.

Ziolkowski, T., *Las novelas de Hermann Hesse*, Editorial Labor, 1976.

(Varios), *Interpretationen: Hermann Hesse Romanen*, Reclam, 1994.

Cronología

1877

Vida: Hermann Hesse nace el 2 de julio en Calw, Alemania.

Época: Edison inventa el fonógrafo.
Se estrena la *Primera Sinfonía* de Brahms.

1881-1886

Vida: Vive con sus padres en Basilea.
En 1883 obtiene la nacionalidad suiza.

Época: Comienza la construcción del Canal de Panamá (1881).
Se estrenan *Los cuentos de Hoffmann* del compositor francés de origen alemán Offenbach (1881).
Se inventa la ametralladora (1883).

1886-1889

Vida: Años de estudiante de Hermann Hesse.

Época: El poeta francés Moréas firma el *Manifiesto simbolista* en el periódico *Le Figaro* (1886).
Guillermo II se convierte en emperador de Alemania (1888).
Construcción de la Torre Eiffel en París con motivo de la Exposición Universal (1889).

1890-1895

Vida: En 1890 su padre le consigue la nacionalidad alemana.

Época: Caída del canciller alemán del II Reich Otto-Leopold von Bismarck (1890).
Roentgen descubre los Rayos X (1890).
Oscar Wilde publica *El retrato de Dorian Gray* (1891).
El escritor Rudyard Kipling publica *El libro de la selva* (1894).
Los hermanos Lumière inventan el cinematógrafo (1895).

1895-1898

Vida: Trabaja en la librería Heckenhauer de Tübingen.

Época: Nicolás II se declara zar de Rusia (1895).
Rostand publica la comedia *Cyrano de Bergerac* (1897).
Muere el canciller alemán Otto-Leopold von Bismarck (1898).
Becquerel descubre la radioactividad (1901).

1899-1900

Vida: En Basilea, empieza a escribir artículos y recensiones para el *Allgemeine Schweizer Zeitung*.

Obra: Se publica *Canciones románticas*.

Época Inglaterra, Alemania y Estados Unidos se reparten las islas oceánicas (1900).
Zeppelin construye su primer dirigible (1900).
Freud publica *La interpretación de los sueños* (1900).

1901-1904

Vida: Primer y segundo viaje a Italia.

Obra: En 1904 se publica *Peter Camenzind.*

Época: Se entregan en Oslo los primeros Premios Nobel (1901).
Primera exposición de Picasso en París (1901).
Thomas Mann publica *Tonio Kröger* (1903).
Roosevelt es elegido presidente de Estados Unidos (1904).
Madame Curie gana el Premio Nobel de Física. Es la primera vez que se da el galardón a una mujer (1904).

1905-1906

Vida: Hesse escribe para la revista liberal *März.*

Obra: Se publica en 1906 *Bajo las ruedas.*

Época: Tensión política en Rusia que acaba con el motín de la tripulación del acorazado Potemkin (1905).
Heinrich Mann publica *El profesor Unrat* (1905).
En abril se produce el terremoto de San Francisco (1906).
El escritor austríaco Robert Musil publica *Las inquietudes del estudiante Törless* (1906).

1907

Vida: Adquiere su propia casa en Gaienhofen.

Época: Conferencia de Paz de la Haya para impulsar la resolución pacífica de los conflictos internacionales.
Gandhi inicia un movimiento de protesta para la defensa de las minorías étnicas en África del Sur.
Rudyard Kipling recibe el Premio Nobel de Literatura.

1908-1910

Obra: En 1908 se publica *Nachbarn* en S. Fischer.
En 1910 se publica la novela *Gertrud* en la editorial Albert Langen de Munich.

Época: Nace el cubismo (1908).
El escritor checo Rainer Maria Rilke publica los *Cuadernos de Malte Laurids Brigge* (1910).
Jorge V se convierte en rey de Inglaterra (1910).
El cometa Halley pasa muy cerca de la tierra aterrorizando a la población (1910).

1911-1913

Vida: Viaja a la India con el pintor Hans Sturzenegger.
En 1912 Hesse abandona Alemania y emigra con su familia a Berna.

Época: El explorador Amundsen llega al Polo Sur (1911).
En la madrugada del 15 de abril de 1912 se hunde el transatlántico *Titanic*.
Unamuno publica *Del sentimiento trágico de la vida* (1912).
Thomas Mann publica *Muerte en Venecia* (1912).
El escritor indio en lengua bengalí Rabindranath Tagore recibe el Premio Nobel de Literatura (1913).

1914

Vida: Hesse enviará material de lectura a miles de prisioneros de guerra desde el «Servicio de asistencia a los prisioneros alemanes».

Obra: Se publica la novela *Rosshalde*.

Época: El asesinato del archiduque de Austria desencadena la Primera Guerra Mundial.
James Joyce publica su libro de relatos *Dublineses*.
Se publica *En busca del tiempo perdido* de Marcel Proust.

1915

Vida: Primer tratamiento psicoterapéuitico con el Dr. Lang.

Obra: Edición de *Knulp*.

Época: Guerra submarina: hundimiento del «Lusitania».
Einstein formula la teoría de la relatividad.
Sibelius presenta la *Sinfonía nº* 5.

1916-1918

Vida: Numerosos ensayos políticos, exhortaciones y cartas abiertas. Sigue trabajando en el «Servicio de asistencia a los prisioneros alemanes».

Época: En Zurich un grupo de artistas crean el movimiento dadá (1916).
Kafka publica *La Metamorfosis* (1916).
Estados Unidos entra finalmente en la guerra (1917).
Los bolcheviques, dirigidos por Lenin, toman el poder en Rusia (1917).
Éxito clamoroso de las primeras grabaciones de Jazz (1918).

1919-21

Obra: Aparece *Demian* bajo el seudónimo de Emil Sinclair. Hesse se instala en la Casa Camuzzi de Montagnola.

Época: Firma del Tratado de Versalles (1919).
Walter Gropius funda la escuela de arte Bauhaus (1919).
Gandhi lanza su campaña de desobediencia civil (1920).
Mussolini se convierte en el «Duce» de Italia (1921).

1922-1923

Obra: Se publica *Siddharta* en la editorial S. Fischer de Berlín.

Época: Marcha fascista sobre Roma (1922).
Gandhi es encarcelado por los británicos (1922).
Rilke finaliza *Los Sonetos de Orfeo* y las *Elegías a Duino* (1923).

1924-1926

Vida: Hesse recupera la nacionalidad suiza.
Matrimonio con Ruth Wenger.

Época: Muere Lenin y le sucede Stalin (1924).
Thomas Mann publica *La montaña mágica* (1924).
Muere el escritor checo Franz Kafka (1924).
Dirac descubre la mecánica cuántica (1925).
Eisenstein estrena *El acorazado Potemkin* (1925).
Pablo Neruda publica *Residencia en la Tierra* (1925).

1927-1929

Vida: Anulación del matrimonio con Ruth Wenger.

Obra: Se publica *El lobo estepario*, también la *Biografía de Hesse* de Hugo Ball.

Época: Se estrena la primera película sonora, *El cantor de Jazz* (1927).
Un grupo de poetas crean en España la Generación del 27.

Destierro de Trotski a Siberia (1928).
Fleming descubre la penicilina (1928).
El crack de la Bolsa de Nueva York hunde la economía norteamericana (1929).
Thomas Mann recibe el Premio Nobel de Literatura (1929).
Hemingway publica *Adiós a las armas* (1929).

1930

Obra: Se publica *Narciso y Goldmundo* en la editorial S. Fischer.

Época: Stalin colectiviza la tierra.
Éxito en EEUU de la novela de Hammet *El halcón maltés*.
El escritor Robert Musil publica *El hombre sin atributos*.

1931

Vida: Matrimonio con Ninon.
Se instalan en una nueva casa en Montagnola.

Época: El 14 de abril se proclama la República española.
Los japoneses ocupan Manchuria.
William Faulkner publica *Santuario*.

1932-1938

Obra: Empieza a escribir *El juego de los abalorios*.
Se publican en la editorial S. Fischer distintas narraciones y poesías del autor.

Época: Hitler es proclamado canciller en Alemania (1933).
Se estrena la película *King Kong* (1933).
Estalla la Guerra Civil Española (1936).

Fallece el escritor Rudyard Kipling (1936).
André Gide publica su libro documental *Regreso de la URSS* (1936).
Picasso pinta el *Guernica* (1937).

1939-1945

Vida: Declaradas indeseables las obras de Hesse en Alemania. Se prohibe la reimpresión de *Bajo las ruedas, El lobo estepario, Reflexiones,* y *Narciso* y *Goldmundo.*

Época: Segunda Guerra Mundial (1939-45).
Fin de la Guerra Civil española (1939).
Albert Camus publica *El extranjero* (1942).
Saint-Exupéry publica *El principito* (1943).
En agosto de 1945 EEUU lanza la primera bomba atómica sobre Hiroshima.

1946-1950

Vida: Se vuelven a publicar las obras de Hesse en Alemania.
Hesse obtiene el Nobel de Literatura.

Época: Procesos de Nuremberg (1946).
Empieza en Hollywood la famosa «caza de brujas» del senador Mc Carthy contra los actores comunistas (1947).
Se proclama el estado de Israel (1948).
Gandhi es asesinado en la India (1948).
Aparece la novela *1984* del escritor George Orwell (1949).

1950-1952

Vida: Empieza a publicar con la editorial de Peter Suhrkamp.

Época: Se crea la primera tarjeta de crédito (1950).
Graham Greene publica *El tercer hombre* (1950).
Se estrena la película *Cantando bajo la lluvia* (1952).
Ernest Hemingway publica *El viejo y el mar* (1952).

1952-1961

Vida: Hesse cumple su 75 aniversario.
En 1955 recibe el Premio a la Paz de la Asociación alemana del libro.

Época: Fallece Stalin (1953).
Heinrich Boll publica *Casa sin amo* (1954).
Fallece Thomas Mann (1955).
Elvis Presley graba una de sus canciones más populares, *Heartbreak Hotel* (1956).
De Gaulle es elegido presidente de la República Francesa (1958).
Castro toma el poder en Cuba (1959).
El escritor alemán Günter Grass publica la novela *El tambor de hojalata* (1959).

1962

Vida: Muere Hermann Hesse en Montagnola.

Época: Argelia declara su independencia de la metrópolis francesa.
Aparece el primer éxito de *The Beatles*, la canción *Love me do*.
El escritor inglés Anthony Burgess publica su brutal fábula *La naranja mecánica*.